Wolfgang Köhler

WALL STREET PANIK

Wolfgang Köhler

WALL STREET PANIK

Banken außer Kontrolle

Wie Kredithaie die Weltkonjunktur
ins Wanken bringen

Diskutieren Sie mit unseren
Autoren und Lesern:

www.mankau-verlag.de

mankau

Bibliografische Information der Deutschen Nationalbibliothek
Die Deutsche Nationalbibliothek verzeichnet diese Publikation in der Deutschen Nationalbibliografie; detaillierte bibliografische Daten sind im Internet über http://dnb.d-nb.de abrufbar.

Wolfgang Köhler

WALL STREET PANIK
Banken außer Kontrolle

Wie Kredithaie die Weltkonjunktur ins Wanken bringen

ISBN 978-3-938396-21-6
1. Auflage 2008

Mankau Verlag
Postfach 13 22, 82413 Murnau a. Staffelsee
Im Netz: www.mankau-verlag.de

Lektorat und Endkorrektorat:
Dr. Thomas Wolf, MetaLexis

Gestaltung Umschlag:
Johannes Wiebel, HildenDesign, München

Gestaltung Innenteil:
Heike Brückner, Grafikstudio

Der Inhalt wurde auf 100 % Recyclingpapier gedruckt, der Druck erfolgte in Deutschland.

Inhaltsverzeichnis

Einleitung 7

In der Schuldenfalle 15

Von Banken und Kredithaien 33

Der Staat schaut einfach nur zu 53

Waghalsiger Handel mit großen Risiken 67

Von der Immobilienkrise zur Wirtschaftskrise 85

Die Globalisierung der US-Immobilienkrise 121

Die Folgen der Finanzkrise für Deutschland 139

Gefahren für den Aufschwung 157

Banken außer Kontrolle? 175

Anstelle eines Nachwortes:
Der Staat als heilende Hand 201

Glossar 205

Einleitung

Die öffentliche Wahrnehmung von kritischen Situationen folgt eigenen Gesetzmäßigkeiten. Sobald die Medien eine Gefahr erkennen, berichten sie ausführlich. Schließlich ist es die Aufgabe von Presse und Rundfunk, auf Gefahren aufmerksam zu machen. Doch oft schießen die Medien dabei über das Ziel hinaus. Beispiel Rinderwahnsinn: Als im November 2000 in Schleswig-Holstein zwei Kühe an BSE starben, war dies vielen deutschen Zeitungen einen Aufmacher wert. In den Wochen danach wuchs sich die Berichterstattung über den Rinderwahnsinn zu einer Lawine aus. Der Rindfleischkonsum nahm um über 40 Prozent ab, das halbe Fleischereigewerbe ging in die Knie. Im Januar 2001 schließlich hielten die Deutschen den Rinderwahnsinn für ein größeres Problem als ihre vier Millionen Arbeitslosen. Tatsächlich ist bis heute durch BSE in Deutschland kein einziger Mensch zu Schaden gekommen.

Über andere Risiken wird überhaupt nicht berichtet. Beispiel Kreditkrise: Als sich die Reichen und Mächtigen dieser Welt im Januar 2008 in Davos beim Weltwirtschaftsforum trafen, wurde oft darüber geredet, dass niemand die Krise habe kommen sehen. Das Wort „Subprime" sei bei der gleichen Veranstaltung im Jahr zuvor kein einziges Mal gefallen, berichteten Teilnehmer. Dafür gab es einen guten Grund: Die Presse hatte bis dato über dieses Thema überhaupt nicht berichtet, zumindest in Deutschland nicht. In der Datenbank „Genios – German Business Information" der deutschsprachigen Tages- und Wochenpresse fanden sich Ende Januar 2008 unter dem Stichwort „Subprime" zwar genau 5.000 Fundstellen. Die älteste stammte jedoch erst vom 1. März 2007, als Davos längst wieder von normalen Wintersportlern bevölkert wurde. Dass es da im fernen Amerika eine kritische Situation gab, wurde vorher kaum wahrgenommen.

Wie selbst Fachleute mit dem Thema umgingen, spiegelt sich im Bericht der „Süddeutschen Zeitung" über die launige Rede des Vorstandsvorsitzenden einer deutschen Bank auf dem Neujahrsempfang 2008 des Instituts für die Presse wider: „Erst klang es nach einer regionalen Posse amerikanischer Hypothekenbanken. Dann sah es so aus, als ob sich die Krise vor allem zwischen Düsseldorf und Sachsen abspielen würde. Jetzt stehen wir vor einem globalen Problem. Für uns aber war es ein gutes Jahr. Ich bin zuversichtlich für 2008." Eine Woche später, so die „Süddeutsche" weiter, habe der designierte Nachfolger des Vorstandschefs die Öffentlichkeit sanft auf die nächste Abschreibung der Bank auf faule US-Subprime-Hypothekenanleihen vorbereitet.

Aber kann man deshalb sagen: Niemand habe die Krise kommen sehen? Mitnichten. Im Januar 2007 stellte das Weltwirtschaftsforum den Bericht „Global Risks 2007"[(1)] vor, in dem akute oder latente Risiken aufgelistet und beschrieben wurden, mit denen die Welt in den kommenden Jahren und Jahrzehnten umzugehen haben werde. Eines der darin genannten Risiken wurde als „Blow up in asset prices/excessive indebtedness" bezeichnet. Was darunter genau zu verstehen sei, wurde in dem Bericht so erklärt: „Die Preise für Einfamilienhäuser haben sich in den meisten entwickelten Märkten (und in einigen Schwellenmärkten) innerhalb der letzten zehn Jahre real verdoppelt; das Preis-Einkommens-Verhältnis hat einen historischen Höchststand erreicht. Viele Experten befürchten eine größere Korrektur mit unterschiedlichen Folgen für Konsum, Wirtschaftswachstum und die Preise anderer Vermögenswerte."

1 *World Economic Forum: Global Risks 2007. A World Economic Forum Report in collaboration with Citigroup, Marsh & McLennan Companies (MMC), Swiss Re, Wharton School Risk Center, Januar 2007*

Die Experten, die diesen Bericht erarbeitet hatten, machten sich auch über Eintrittswahrscheinlichkeit und die mögliche Schadenshöhe der verschiedenen Risiken Gedanken. Die Wahrscheinlichkeit eines Kollapses der Preise für Vermögenswerte wurde mit etwas über zehn Prozent veranschlagt, die möglichen Schäden auf weit über 1.000 Milliarden US-Dollar beziffert. Nun ist bekannt, dass der weit überwiegende Teil der Menschen mit Eintrittswahrscheinlichkeiten von Risiken nur schwer umgehen kann; ein Betrag von 1.000 Milliarden US-Dollar ist beinahe unvorstellbar groß. Anschaulicher, greifbarer werden Risiken und Schadenshöhe eines Vermögenswerte-Kollapses, wenn man sie zu anderen Risiken aus derselben Studie ins Verhältnis setzt. So wird die Eintrittswahrscheinlichkeit von größeren Anschlägen durch den internationalen Terrorismus auf knapp unter zehn Prozent veranschlagt, die mögliche Schadenshöhe auf zehn bis 50 Milliarden Dollar geschätzt.

Der Unterschied im öffentlichen Umgang mit beiden Risiken ist offensichtlich: Wegen der Gefahren, die uns durch den internationalen Terrorismus drohen, werden seit dem 11. September 2001 weltweit Kriege geführt, Freiheitsrechte beschnitten und unzählige Gesetze verabschiedet, die in vielen Ländern bis zur Einschränkung der Privatsphäre reichen. Gegen das Risiko eines Verfalls der Vermögenswerte wurde im Vorfeld der aufziehenden Finanzkrise dagegen so gut wie nichts unternommen. Über die Gründe, die die unterschiedliche öffentliche Aufmerksamkeit für beide Risiken erklären, kann nur spekuliert werden. Naheliegend ist: Was internationale Terroristen anrichten können, haben wir alle noch vor Augen. Die Fernsehbilder vom 11. September 2001 sind jedem, der sie gesehen hat, in erschreckend frischer Erinnerung. Der letzte Kollaps von Vermögenswerten liegt dagegen mehr als ein halbes Jahrhundert zurück: die Weltwirtschaftskrise ab 1929 und der Zweite Weltkrieg, und in Deutschland die große Inflation von 1922/23. Diese Ereignisse sind Geschichte. Die Erfahrungen, die die meisten jüngeren Menschen im Laufe der letzten drei, vier Jahrzehnte gemacht haben, laufen dagegen darauf hinaus, dass die Preise für Vermögenswerte wie Immobilien und Aktien immer nur steigen. Gelegentliche Preiseinbrüche wie im Oktober 1987 oder nach dem Platzen der Internet-Blase 2000 an den Aktienmärkten waren dagegen weder von Dauer noch hatten sie nachhaltige Konsequenzen.

Es gibt jedoch noch einen weiteren Grund dafür, dass lange Zeit niemand so recht wahrnehmen wollte, was sich da am amerikanischen Immobilienmarkt – und nicht nur am amerikanischen, sondern auch an etlichen europäischen und anderen Immobilienmärkten – zusammenbraute. Nach jahrzehntelanger Berieselung mit dem Theorem „Der Markt wird es schon richten" hat sich in weiten Teilen der Öffentlichkeit die Überzeugung festgesetzt, dass man die Wirtschaft besser sich selbst überlässt und Eingriffe des Staates in das Wirtschaftsgeschehen der Entwicklung nur schaden könnten.

Auf dieser Linie bewegen sich auch US-Notenbankpräsident Ben Bernanke und sein Vorgänger Alan Greenspan. „Es gibt keine Hauspreisblase, die platzen könnte", erklärte Bernanke, damals noch Chef des Rates der Wirtschaftsberater von Präsident George W. Bush, im Oktober 2005 vor dem gemeinsamen Wirtschaftsausschuss des US-Kongresses – wenige Tage vor seiner Nominierung zum Nachfolger von US-Notenbankchef Alan Greenspan. Der Immobilienmarkt, so Bernanke, spiegele nur die starke ökonomische Basis des Landes wider. Vorgänger Greenspan nahm anstelle einer Preisblase nur ein wenig „Schaum" in einigen lokalen Märkten wahr.

An Warnungen – auch aus dem eigenen Hause – hatte es zuvor nicht gemangelt. Schon im Jahr 2000 warnte Edward M. Gramlich, Gouverneur der amerikanischen Notenbank, dass eine schnell wachsende Gruppe von neuartigen Kreditgebern viele Menschen zur Aufnahme riskanter Kredite verlocke, die diese sich gar nicht leisten könnten. Als Gramlich hauseigene Prüfer der Notenbank die Praktiken solcher Kreditagenturen genauer durchleuchten lassen wollte, wurde die Aktion von Notenbankpräsident Alan Greenspan kurzerhand abgeblasen.

Im Jahr 2003 klagten sogar einige Bundesstaaten der USA darüber, dass die Kreditvergabestandards der Banken mit nationaler Lizenz zu lasch seien. Zwischen den Bundesstaaten, die schärfere Regeln einführen wollten, und der nationalen Bankenaufsicht (Comptroller of the Currency) kam es darüber zum Streit und zu einem Gerichtsverfahren. Am Ende gewann der Comptroller of the Currency und stellte die von ihm beaufsichtigten 1.700 Banken von bundesstaatlichen Verbraucherschutzgesetzen frei.

Im Frühjahr 2004 mokierte sich das wirtschaftsnahe Magazin „Business Week“: „Gerade als es so schien, dass jeder bereits ein Haus gekauft hat, der sich eines leisten kann, erfanden die Banken immer exotischere Wege, damit sich noch mehr Amerikaner ein erstes oder ein größeres Haus kaufen können.“ Damit heizten die Kreditinstitute den Markt immer noch weiter an. Niemand interveniert, niemand bremst die Banken, die Immobilienkäufer, die Investoren, die bereitwillig Milliarden in Anleihen von immer zweifelhafterer Bonität investieren. Warum?

Regierung und Notenbank verlassen sich ganz auf die Steuerung der Wirtschaft durch die Geldpolitik. Wenn sich der Immobilienmarkt stärker abkühle, als Bernanke erwarte, schrieb das „Wall Street Journal“ im Oktober 2005, „würde er wohl kaum die Macht der Zentralbank über die kurzfristigen Zinsen nutzen, um fallende Hauspreise zum Segen der Einfamilienhausbesitzer zu stützen, wie man seinen Aussagen in mehreren Vorträgen und akademischen Veröffentlichungen entnehmen kann." Demnach sollte die Notenbank auf steigende oder fallende Preise von Vermögenswerten wie Aktien oder Immobilien allenfalls reagieren, wenn dadurch die Inflation oder das Wirtschaftswachstum beeinträchtigt würden. Bernanke würde, so das „Wall Street Journal", allenfalls dann „Zinssenkungen befürworten, wenn eine Umkehr des Immobilienmarktes die Konsumausgaben stark dämpfen, einen Arbeitsplatzabbau oder einen Rückgang der Inflationsraten auf ein sehr niedriges Niveau auslösen würde."

So weit hätte es möglicherweise gar nicht kommen müssen, wenn die Regierung im Jahr 2001 der Initiative von Sheila C. Bair, einer hochrangigen Mitarbeiterin des Finanzministeriums, gefolgt wäre und ihren Plan zur Entwicklung eines „Best-Practice-Codes" für Hypothekenfinanzierer und insbesondere für die Kreditvergabe an Schuldner von zweifelhafter Bonität umgesetzt hätte. Doch die verweigerte Bair die notwendige Unterstützung. Stattdessen vertraute sie darauf, dass das Bankgewerbe sich selbst Zügel anlegen würde. Der Markt, nicht die Regierung oder die Bankenaufsicht, sollte als Regulativ wirken.

Doch der Markt reagierte erst, als das Kind schon im Brunnen lag. Über den Transmissionsriemen der international vernetzten Finanzmärkte entstand daraus innerhalb weniger Monate eine globale Krise, die nun auch das Wirtschaftswachstum in Europa bedroht. Oder anders ausgedrückt: Die Art und Weise, wie in den USA Wirtschaftspolitik betrieben wird, welchen Theorien und Denkmodellen die dortigen Akteure folgen, betrifft in der „globalisierten Welt" nicht nur die Amerikaner selbst, sondern auch die Wirtschaft und die Bürger in anderen Teilen der Welt, auch in Europa. Deshalb ist es an der Zeit, sich intensiver und kritischer als bisher mit der

Praxis und den Theorien der US-Ökonomie auseinanderzusetzen.

Das soll in diesem Buch geschehen.

In der Schuldenfalle

Es war eine grandiose Party. Wer mitfeierte, konnte ein Vermögen gewinnen. Fast jeder konnte mitfeiern. Und Millionen Amerikaner – von Chicago bis Miami, von New York bis Los Angeles – feierten mit. Nie zuvor waren Hypothekendarlehen in den USA so billig wie in der ersten Hälfte dieses Jahrzehnts. Nie zuvor war es so einfach und unkompliziert, einen Immobilienkredit zu bekommen. Und selten zuvor waren die Aussichten, damit auch noch ein Vermögen zu machen, so günstig.

Diese Chance lassen sich nicht viele Amerikaner entgehen. Sie kaufen Immobilien, was das Zeug hält: Einfamilienhäuser und Eigentumswohnungen, Ferienhäuser und Mehrfamilienhäuser. Wechselten im Jahr 1990 nur etwa 3,7 Millionen Einfamilienhäuser den Besitzer (neue und aus dem Bestand), so wuchs die Zahl der Verkäufe bis 2005 auf 8,3 Millionen an. Die steigende Nachfrage trieb die Preise nach oben. Ein amerikanisches Durchschnittshaus, das im Jahr 1996 vielleicht 120.000 US-Dollar gekostet hatte, war zehn Jahre später am Markt doppelt so viel wert. Und diese Rechnung galt nur für den landesweiten Durchschnitt.

An manchen Orten ging es noch viel heißer her. In Washington verdoppelten sich die Einfamilienhauspreise von 2000 bis 2005, in Las Vegas stiegen sie innerhalb des gleichen Zeitraums um 117 Prozent, in Miami um 128 Prozent, in San Diego um 132 Prozent und in Los Angeles um 135 Prozent. In einem solchen Umfeld holte bald jede Familie den verstaubten Taschenrechner hervor und übte sich in Prozentrechnung: Wenn ich 20 Prozent auf ein Haus anzahle, das 150.000 Dollar kostet, dann erfordert das 30.000 Dollar; wenn ich das Haus nach fünf Jahren mit 55 Prozent Preissteigerung (Landesdurchschnitt 2000 bis 2005) verkaufe, bekomme ich 232.500 Dollar. Das entspricht einem Gewinn von 82.500 Dollar oder 275 Prozent des Kapitaleinsatzes von 30.000 Dollar. Da sattelte mancher, der sein Geld bisher als Diskjockey oder Klempner verdient hatte, auf Immobilieninvestment um: kaufen, bei Bedarf renovieren, teurer verkaufen.

Und die Hausbesitzer waren keineswegs die Einzigen, die an den Preissteigerungen verdienten. Immobilienmaklerbüros sprossen an allen Ecken wie Pilze aus dem Boden. Kellner und Friseurinnen ließen sich zum Immobilienmakler umschulen. Damit wuchs aber auch der Konkurrenzdruck unter den Maklern. In Manhattan, wo absolut durchschnittliche Wohnungen nicht mehr unter einer Million Dollar den Eigentümer wechselten, soll ein Makler einen Verkäufer sogar tätlich angegriffen haben, berichtete „Time" – weil dieser die Sünde begangen hatte, beim Verkauf seiner Immobilie gar keinen Makler einzuschalten.

Das war auch gar nicht nötig. Denn die Käufer strömten in hellen Scharen zu den Verkaufsobjekten. „In den vergangenen Monaten kamen 75, 100, 200 oder sogar 300 Leute zu den offenen Besichtigungen", berichtete Avram Goldman, Präsident der Hypothekenbank Coldwell Banker in San Francisco, im Sommer 2004. Und die Interessenten zögerten nicht lange. Um den Preis wurde nicht gehandelt, jedenfalls nicht nach unten. Stattdessen überboten sich die Kaufinteressenten gegenseitig, selbst bei teuren Objekten. So berichtete Hypothekenbanker Goldman von einem 120-Quadratmeter-Haus in Menlo Park in Kalifornien, das für 1,395 Millionen Dollar zum Verkauf stand. Unmittelbar nach der Besichtigung konnte der Verkäufer zwischen sieben Angeboten wählen, von denen er eines über 1,6 Millionen Dollar akzeptiert habe. Mit anderen Worten: Der Verkäufer erhielt 205.000 Dollar mehr, als er verlangt hatte.

Zu besten Boom-Zeiten waren selbst solche Käufe kein schlechtes Geschäft. „Time“ berichtete von einem Max Kaiser, der im Jahr 2000 noch als Buchhalter gearbeitet hatte. 2004 kaufte Kaiser in Miami eine Luxus-Eigentumswohnung für 425.000 Dollar, die noch nicht einmal gebaut war. Nach Unterzeichnung der Kaufverträge traf der 32-Jährige vor dem Büro des Bauträgers auf ein Paar, das sich für die gleiche Wohnung interessierte. Kaiser zögerte nicht und verkaufte die Wohnung sogleich weiter – für 525.000 Dollar. Später soll die Wohnung noch einmal für 570.000 Dollar auf dem Markt gewesen sein.

Es waren aber nicht nur die steigenden Häuserpreise, die den Käufern die Entscheidung erleichterten. Das gesunkene Zinsniveau ermöglichte auch Haushalten mit weniger üppigen Einkommen solch große Anschaffungen.

Im Frühjahr 1993 sank die Rendite von US-Staatsanleihen (Treasury Bonds) mit 10-jähriger Laufzeit unter sechs Prozent – zum ersten Mal seit über 20 Jahren (siehe Abb. 1). Nach der ersten Ölpreiskrise in den frühen 70er Jahren hatte die US-Wirtschaft mit hohen und steigenden Inflationsraten zu kämpfen. Die Notenbank bekämpfte die Preissteigerungen erst Jahre später entschlossen, als die Renditen der Treasury Bonds Anfang der 80er Jahre bis in den zweistelligen Prozentbereich stiegen. Im Oktober 1981 schließlich war der Renditegipfel mit über 15 Prozent erreicht.

Entsprechend teuer waren in dieser Hochzinsphase konventionelle Festzinshypotheken. Für Darlehen mit 30 Jahren Festzins mussten Immobilienkäufer zeitweise 16 bis 18 Prozent Zinsen pro Jahr bezahlen. Erst Anfang der 90er Jahre sanken die Hypothekenzinsen wieder dauerhaft auf einstellige Prozentsätze. In der zweiten Hälfte der 90er Jahre schließlich

Abb. 1: Entwicklung der US-Kapitalmarktrenditen und Hypothekenzinsen von April 1971 bis Januar 2008

pendelten sich die Zinssätze zwischen sieben und acht Prozent ein. Hypotheken mit 15 Jahren Festzins waren noch einen halben bis einen Prozentpunkt günstiger.

Diese historisch günstigen Bedingungen ließen nicht viele Amerikaner ungenutzt verstreichen. Der Immobilienmarkt zog deutlich an. Die Zahl der registrierten Verkäufe von Einfamilienhäusern (neue und aus dem Bestand) stieg von 4,5 Millionen im Jahr 1995 auf über sechs Millionen im Jahr 1999. Nach Jahren der Stagnation zogen nun auch die Eigenheimpreise an – zunächst noch, wie im Jahr 1996, verhalten um magere 1,9 Prozent, im Jahr darauf schon um über fünf Prozent und schließlich um zehn Prozent im Jahr 1999.

Doch es kam noch besser für Immobilienkäufer. Nach dem 11. September 2001 senkte die Notenbank die Zinsen entschlossen, um die Wirtschaft nach den verheerenden Attentaten von New York und Washington aus ihrer Schockstarre zu lösen. Der Leitzins sank schrittweise auf den vorher nie gesehenen Tiefstand von 1,0 Prozent und verharrte dort von Mitte 2003 bis Mitte 2004. Jetzt ließen sich Immobilienkäufe noch günstiger finanzieren. Ab Anfang 2003 kosteten Festzinshypotheken mit 30 Jahren Laufzeit nur noch zwischen 5,5 und sechs Prozent – mit wenigen kurzen Perioden kurzzeitig höherer Zinssätze. Bei 15-jähriger Zinsfestschreibung lagen die Zinssätze über längere Perioden unter 5,5 Prozent, und variabel verzinsliche Darlehen wurden zeitweise schon mit Zinssätzen unter vier Prozent vergeben. Zu diesen Bedingungen konnten sich selbst solche Familien ein eigenes Haus oder eine Eigentumswohnung leisten, die bei den hohen Zinsen der Jahre und Jahrzehnte zuvor gar nicht daran denken durften.

Die Banken stellten sich bald auf den neuen Boom ein. Angesichts wachsender Nachfrage und steigender Immobilienpreise bewiesen die Immobilienfinanzierer eine bemerkenswerte Phantasie bei der Kreation neuer Kreditprodukte. Die neuartigen Darlehen, bei denen zumindest am Anfang häufig niedrigere Zahlungen als bei konventionellen Hypotheken anfielen, „haben den Boom am Häusermarkt in voller Fahrt gehalten", stellte „Business Week" fest, und zwar auch dann noch, als die Zinsen bereits wieder stiegen.

Die Banken boten alles Mögliche auf: *Piggyback loans* (Rucksack-Kredite), bei denen der Hauskäufer keine Anzahlung aus eigener Tasche bestreiten musste; *Stated-Income loans*, bei denen der Kreditnehmer sein Einkommen nur noch angeben, aber nicht mehr nachweisen musste; Ersthypotheken mit Kreditsummen, die über dem Wert des Eigenheims lagen, bis zu Hypotheken mit Endfälligkeit, bei denen der Kreditnehmer zunächst nur den Zins zu bezahlen hatte, die Tilgung der Kreditsumme wurde dagegen auf das Ende der Laufzeit verschoben. Zu den Produkten, die sich wachsender Beliebtheit erfreuten, zählten auch die Hypotheken mit variabler Verzinsung (ARM – Adjustable Rate Mortgage). Bei diesen werden die Zinssätze nach einer vereinbarten Frist regelmäßig an die Kapital- oder Geldmarktzinsen angepasst. Statt sich die in den Jahren 2002 bis 2003 rekordniedrigen Zinsen auf Dauer zu sichern, wählte eine wachsende Zahl von Käufern eine solche ARM-Finanzierung – wohl nicht immer ohne schlitzohrige Nachhilfe durch rührige, provisionsabhängige Kreditvermittler.

Selbst so genannte *Option-ARM* wurden verkauft. Bei diesen kann der Kreditnehmer wählen, ob er Zins und Tilgung bezahlt oder nur die Zinsen oder einen geringeren Betrag als den vollen Zins. Wählt er die letzte Variante, wird der unbezahlte Zins auf die Kreditsumme aufgeschlagen. Die wächst dann Jahr für Jahr.

Der Grund für den Erfindungsreichtum der Banken: Mit Finanzierungsinstrumenten, die einem Immobilienkäufer anfangs möglichst geringe Zahlungsverpflichtungen aufbürden, wollen sie neue, zusätzliche Käuferschichten erschließen. Das gelingt ihnen auch. Während das Kreditgeschäft mit Kunden von zweit- oder drittklassiger Bonität lange in kaum beachteten Marktnischen vor sich hindümpelte, wurde dieses so genannte *subprime lending* ab Mitte der 90er Jahre zum Marktsegment mit den höchsten Wachstumsraten. Während der Anteil der Subprime-Hypotheken bis zur Mitte der 90er Jahre nur einen niedrigen einstelligen Prozentsatz des Hypothekenmarktes ausmachte, waren es im Jahr 2006 mehr als 20 Prozent. Rechnet man die so genannten Alt-A-Hypotheken noch dazu, bei denen der Kreditnehmer nicht alle notwendigen Dokumente für eine bessere Bonität beibringen kann, dann machte dieser Sektor 2005 sogar mehr als ein Drittel des gesamten Hypothekenmarktes aus.(2) Später schrieb Floyd Norris, Chef-Finanzkorrespondent der „New York Times“: „Der einzige Grund dafür, dass die [Immobilien-]Preise so hoch gestiegen sind,

2 *Office of Federal Housing Enterprise Oversight (OFHEO): Mortgage Markets and the Enterprises in 2006, Juni 2007*

liegt darin, dass Leute, die sich gar kein Haus leisten konnten, Kredite bekommen haben, die zurückzuzahlen sie nie hoffen konnten, ohne dass die Hauspreise weiter steigen würden."

Hier begann das Drama, das sich seit Anfang des Jahres 2007 entfaltet hat. Erst scheint alles noch weit weg zu sein von den deutschen, den europäischen Lebenswelten. Hier erregen eher die drohende „Klimakatastrophe" oder die Verhandlungen beim EU-Gipfel von Lissabon über den neuen europäischen Verfassungsvertrag die Gemüter, während in den USA kleinere und bald auch größere Hypothekenbanken wegen einer anschwellenden Flut von Zahlungsausfällen säumiger Kreditschuldner bankrottgehen. Oder, wie es der Sprecher einer beliebten amerikanischen Satire-Nachrichtensendung ausdrückte: „Ihr habt nach Bagdad geschaut und euch über den Irak-Krieg aufgeregt, während wir heimlich die ganze Welt ruiniert haben."

Im Juni 2007 sorgte schließlich an der Wall Street die Pleite zweier Hedge Fonds der Investmentbank Bear Stearns für Aufregung. Bald machte das Wort von einer „Subprime"-Krise die Runde. „Was für eine Krise?", wird sich mancher Zeitungsleser gefragt haben, der überhaupt bis zum Wirtschaftsteil vordringt. „Subprime? Nie gehört."

Das Ignorieren und Wegsehen hilft nicht. Schon im Juli, mit dem Beinahe-Zusammenbruch der bis dahin als grundsolide geltenden Düsseldorfer Mittelstandsbank IKB Deutsche Industriebank AG, erreichten die Schockwellen der Krise Deutschland. Im September folgte die Beinahe-Pleite der SachsenLB. Von England aus gingen im gleichen Monat Bilder endloser Schlangen verängstigter Kunden der Hypothekenbank Northern Rock um die Welt, die um ihr Erspartes bangten. Einen solchen Run auf eine Bank hat es seit den 30er Jahren des 20. Jahrhunderts nicht mehr gegeben. Schon bei der Rettungsaktion der IKB Bank schossen dem Präsidenten der Bundesanstalt für Finanzdienstleistungsaufsicht (BaFin) Jochen Sanio ähnliche Analogien durch den Kopf. In einem Zitat des „Handelsblatts“ aus dem Protokoll der Krisensitzung zur Rettung der IKB hieß es: „Herr Sanio sprach in diesem Zusammenhang von der größten Krise des deutschen Kreditgewerbes seit 1931.“

Das erscheint zunächst wie eine maßlose Übertreibung. Sieht diese Krise nicht aus wie viele andere, die die Welt in den Jahren und Jahrzehnten zuvor überstanden hat? Die Ölpreiskrisen der 70er und 80er Jahre – lang ist's her. Der Aktiencrash von 1987 – eine Episode der Börsengeschichte. Die Währungskrisen in Asien 1997 und in Russland 1998 – danach ging der Aktienboom an den Weltbörsen erst richtig los. Der 11. September 2001 – in den Jahren danach kam der Welthandel erst so richtig auf Touren, und Banken und andere Unternehmen machten höhere Gewinne als jemals zuvor.

In jeder dieser Krisen gelang es Notenbanken und Regierungen, mit billigem Geld und anderen Interventionen die Wirtschaft wieder auf Wachstumskurs zu bringen. Diesmal jedoch scheint es anders zu sein. „Die gegenwärtige Krise markiert das Ende der Ära der Kreditexpansion, die auf dem US-Dollar als internationaler Reservewährung basiert“, schrieb Investor George Soros am 22. Januar 2008 in der „Financial Times“ – der gleiche George Soros übrigens, der 1992 mit einer Milliarden-Spekulation die britische Regierung in die Knie und zu einer Abwertung des Pfund Sterling zwang.

Gail D. Fosler sieht das ähnlich. Die Chefvolkswirtin – inzwischen auch Präsidentin – des Conference Board, eines der wichtigsten Wirtschaftsforschungsinstitute der USA, sieht in der Immobilien-/Kreditkrise nur den „Beginn eines viel längeren Prozesses der Marktanpassung ... In den nächsten Jahren werden die Märkte für alle möglichen Vermögenswerte, nicht nur Subprime-Hypotheken, eine Wertminderung erleben. Viele Unternehmen, deren Möglichkeit, Kapital aufzunehmen, von ihren Bilanzen abhängt, werden wohl enttäuscht werden. Die größte Herausforderung kommt aber auf die Finanzinstitute selbst zu. Sie haben eine hohe Rentabilität genossen, aufgrund einer explosionsartigen Zunahme neuer Produkte – von denen viele sich jetzt selbst zerstören werden. Im Ergebnis wird der Finanzsektor über die kommenden Jahre schrumpfen."(3)

Hintergrund solcher Überlegungen ist die Beobachtung, dass jeder Wirtschaftszyklus auch einen Liquiditätszyklus hat. Während einer Rezessionsphase richten private Haushalte und Unternehmen das Verhältnis ihrer Einnahmen und Ausgaben neu aus. Sie begrenzen ihre Ausgaben, leben sparsamer, Unternehmen führen Kostensenkungsprogramme durch. Ausstehende Kredite werden zurückgezahlt. Der Effekt einer solchen Sparsamkeitsperiode lässt sich für die Konsumentenkredite privater US-Haushalte in den Jahren 1990 bis 1992 gut nachweisen (siehe Abb. 2). Nach der Ausweitung des Kreditvolumens im Verhältnis zum verfügbaren Einkommen während der Wachstumsphase der 80er Jahre fuhren die Privathaushalte im Gefolge der Rezession von 1990 ihre Konsumentenschulden zurück. Ende 1992 machten die Konsumentenschulden 17,4 Prozent des verfügbaren Einkommens der Privathaushalte aus – weniger als 1980.

In der folgenden Wachstumsphase nahm die Inflation kontinuierlich ab und die Kreditzinsen sanken, während die Einkommen weiter wuchsen. Der Optimismus der Verbraucher, zusätzliche Schulden verkraften zu können, nahm zu. Die Konsumentenschulden stiegen schneller als die verfügbaren Einkommen. Banker und Ökonomen blieben angesichts des wachsenden privaten Schuldenbergs aber gelassen. Denn außer den steigenden laufenden Einkommen standen den Schul-

3 *Handelsblatt, 1. Oktober 2007*

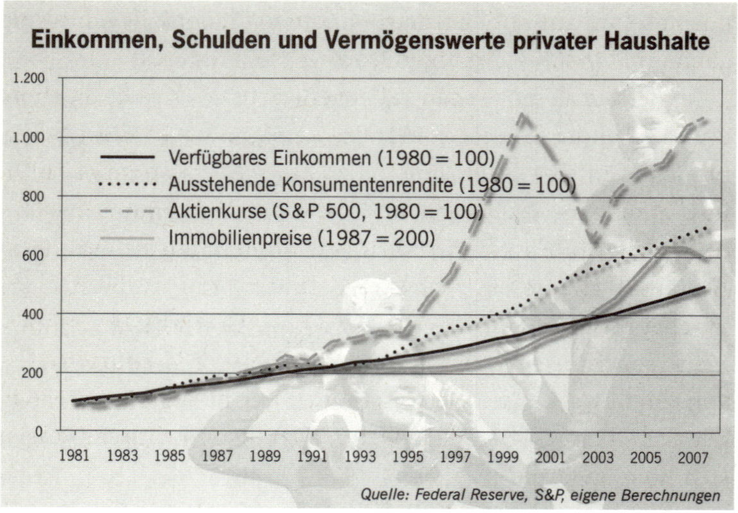

Abb. 2: Entwicklung der Einkommen, Schulden und Vermögenswerte privater Haushalte von 1980 bis 2007

den wachsende Vermögenswerte gegenüber. Erst, in den Jahren 1995 bis 1999, explodierten die Aktienkurse. Und als diese nach dem Platzen der Internet-Spekulationsblase und dem 11. September 2001 kollabierten, füllte der rasante Anstieg der Immobilienpreise die Vermögenslücke. Die Fähigkeit der privaten Haushalte, ihren Zahlungsverpflichtungen aus der steigenden Verschuldung nachzukommen, basiert demnach in wachsendem Umfang auf der Höhe ihres Vermögens.

Die Verbraucher haben diesen Dreh bald heraus. Erst nehmen sie zusätzliche Konsumentenkredite auf, weil sie sich dank steigender Aktienkurse reicher fühlen als zuvor. Später beleihen sie ihr im Marktwert gestiegenes Haus, um einen LCD-Flachbildfernseher, ein neues Auto oder neue Möbel zu kaufen. Angst vor einem Ende des Immobilienbooms müssen sie ja nicht haben, wenn selbst der Chef-Wirtschaftsberater des Präsidenten und der Notenbankpräsident keine Spekulationsblase am Immobilienmarkt erkennen, allenfalls ein wenig „Schaum“ (*froth*) auf einigen lokalen Märkten.

Nicht zuletzt wegen allgegenwärtiger Kreditangebote und steigender Immobilienpreise versäumten es die US-Verbraucher in der Rezession nach dem 11. September 2001, ihre Schulden abzubauen und mit dem Einkommenswachstum wieder in Einklang zu bringen. So nahmen sie aus dieser Konjunkturflaute eine schwere Belastung mit in die nächste Wachstumsphase hinein, die 2003 begann. Dank der rekordniedrigen Zinsen in den Jahren 2002 bis 2004 spürten viele von ihnen wahrscheinlich auch noch gar nicht, wie tief sie in der Schuldenfalle steckten, weil die laufenden Zinszahlungen sich noch in Grenzen hielten.

Eng wurde es für viele Familien erst, als die Notenbank begann, die Leitzinsen ab Mitte 2004 heraufzusetzen. Jetzt wuchs nicht nur der Schuldenberg weiter mit hohem Tempo, auch die Zinsen stiegen. Noch wichen viele Haushalte den steigenden Belastungen aus, indem sie anstelle teurer Ratenkredite lieber eine zusätzliche Hypothek auf ihr Haus aufnahmen oder eine bestehende Hypothek aufstockten. Für diese verlangten die Banken nicht nur deutlich geringere Zinsen als für Ratenkredite, sie gaben diese Kredite auch höchst bereitwillig heraus, weil das Haus als Kreditsicherheit mit den steigenden Marktpreisen immer wertvoller wurde.

Am Ende dieses Prozesses (Ende 2006) war das Gesamtvolumen der ausstehenden Schulden eines amerikanischen Durchschnittshaushalt fast dreieinhalbmal so groß wie Ende 1990, während die Einkommen im gleichen Zeitraum nur um 125 Prozent gestiegen waren. Anders ausgedrückt: Ende 2006 summierte sich das Gesamtvolumen von Konsumenten- und Hypothekenkrediten der amerikanischen Haushalte auf 125 Prozent ihres gesamten Jahreseinkommens – gegenüber nur knapp 80 Prozent in der ersten Hälfte der 90er Jahre.

Die Fähigkeit amerikanischer Verbraucher, regelmäßig Zins und Tilgung für diese Kredite aufzubringen, hängt jetzt im Wesentlichen von drei Faktoren ab: Auf der Habenseite von der Entwicklung der verfügbaren Einkommen und der Werthaltigkeit der Vermögenswerte, und auf der Ausgabenseite von der Höhe der Zinssätze.

Die Verhältnisse dieser drei Faktoren haben sich seit 2004/05 deutlich verschlechtert. Zuerst waren die Zinsen gestiegen; damit gingen auch die Belastungen der Haushalte aus Verbraucherkrediten in die Höhe. Bei den Hypotheken schlagen sich steigende Kapital- oder Geldmarktzinsen erst mit einiger Verzögerung nieder – und das auch nur bei Darlehen mit variabler Verzinsung (ARM). Oft wird bei solchen Verträgen vereinbart, dass der Zins nach einer Frist von einem oder drei Jahren an den jeweiligen Referenzzinssatz angepasst wird. Als Referenzzinssatz dient häufig der Dollar-Geldmarkt-Zinssatz LIBOR (London Interbank Offered Rate) oder der Zins für US-Schatzwechsel mit einer Laufzeit von einem Jahr. Der LIBOR für Ausleihungen unter Banken mit Laufzeiten von einem Jahr – ein häufig verwendeter ARM-Referenzzins – stieg von einem Tiefpunkt von 0,99 Prozent im Jahr 2003 bis Mitte 2006 auf 5,76 Prozent. Besagt nun die Zinsanpassungsvereinbarung beispielsweise, dass der Zins einer variablen Hypothek jeweils auf den 12-Monats-LIBOR plus zwei Prozent festgesetzt wird, dann wäre der ARM-Zins – bezogen auf die genannten Extremwerte – von 2,99 auf 7,76 Prozent gestiegen.

Was das bedeutet, lässt sich leicht an einem Zahlenbeispiel erläutern. Bei einer Kreditsumme von 200.000 US-Dollar würde die monatliche Zinsbelastung bei einem solchen Anstieg des Zinssatzes von 498 auf 1293 steigen – Tilgung nicht inbegriffen. Obwohl dies ein Zahlenspiel mit Extremwerten ist, dürften viele frischgebackene Hauseigentümer mit Adju-

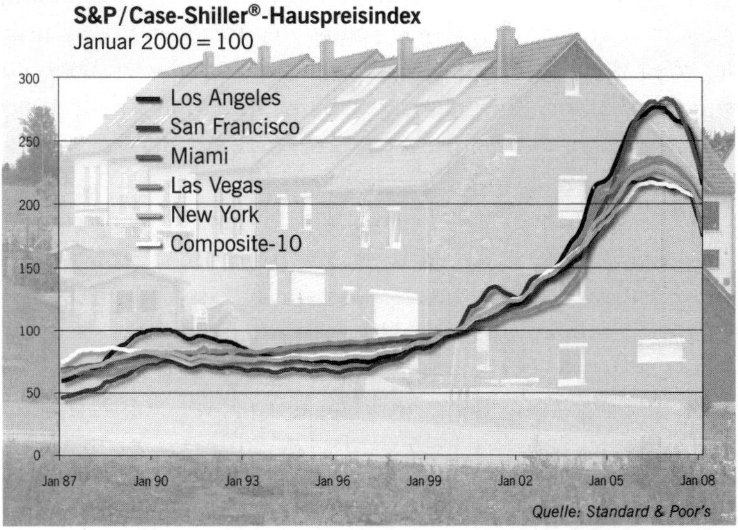

Abb. 3: Entwicklung der Hauspreise in den USA von Januar 1987 bis Februar 2008

stable Rate Mortgages (ARM) in den Jahren 2005 und 2006 laut aufgestöhnt haben, als sie die neue Zinskalkulation ihres Kreditgebers erhielten. Denn die Hypotheken-Annuitäten waren ja nicht die einzigen Belastungen für das Haushaltsbudget. Im Januar 1999 wurde das Fass Rohöl (159 Liter) an den Weltmärkten für rund zehn Dollar gehandelt, Anfang 2008 lag der Preis bei 100 Dollar. Der Verbrauch von Benzin, Heizöl und Strom riss in dieser Zeit immer tiefere Löcher in die Haushaltsbudgets. Die Steuersenkungen der Regierung Bush konnten derlei Belastungen nicht ausgleichen.

Blieben die Vermögenswerte als Basis für einen geregelten Schuldendienst. Die Aktienkurse waren seit 2003 wieder deutlich angestiegen. Sie stellen für einen großen Teil der amerikanischen Haushalte eine wichtige Grundlage ihres Wohlstands dar. Dafür sind nun die Immobilienpreise dramatisch eingebrochen. Per Februar 2008 stellt der viel beachtete

S&P/Case-Shiller-Hauspreisindex einen Rückgang der Einfamilienhauspreise um 12,7 Prozent im Vergleich zum gleichen Vorjahresmonat fest. Und das ist nur der Durchschnitt für die 20 größten Städte der USA. In Metropolen, die zuvor einen besonders steilen Preisanstieg zu verzeichnen hatten, fielen die Einbrüche noch deutlich größer aus: Los Angeles –19,4 Prozent, Las Vegas –22,8 Prozent, Phoenix –20,8 Prozent, Miami –21,7 Prozent.

Und das war möglicherweise erst der Anfang. David Rosenberg, Chef-Ökonom der Investmentbank Merrill Lynch, befürchtet, dass die Hauspreise in den kommenden zwei bis drei Jahren um weitere 25 bis 30 Prozent fallen könnten. Anfang 2008 verdichteten sich überdies die Anzeichen dafür, dass die USA sich in einer Rezession befinden. Bis dahin verhinderte die US-Notenbank noch mit aggressiven Leitzinssenkungen einen gravierenden Einbruch der Aktienkurse. Sobald die Rezession auch in den volkswirtschaftlichen Daten erkennbar wird und die Unternehmensgewinne schrumpfen, dürfte es jedoch auch an den Börsen weiter abwärtsgehen.

Bald kommt dann eins zum anderen: Die Unternehmen entlassen Mitarbeiter, noch mehr Schuldner können ihre Kredite nicht mehr abbezahlen, mehr Häuser kommen auf den Markt zum Verkauf, die Verluste der Banken aus faulen Krediten nehmen zu ... Eine Abwärtsspirale beginnt.

Von Banken und Kredithaien

Am 7. Februar 2007 informierte die HSBC, die drittgrößte Bank der Welt, die Öffentlichkeit über eine Neubewertung ihres Bestandes an US-Hypothekenkrediten. Demnach fielen die Rückstellungen für Kreditausfälle hier um 20 Prozent höher aus, als zuvor angenommen. Es war dies die erste Gewinnwarnung der 1865 als Hongkong and Shanghai Banking Corporation gegründeten Bank. Es war aber nicht die erste Warnung vor dem Sprengstoff, der sich in amerikanischen Kreditportfolios angesammelt hatte. Nur eine Bank dieser Größenordnung hatte bis dahin noch nicht über drohende Verluste in dieser Höhe berichtet. Die Summe der Rückstellungen für faule Kredite, errechneten Experten in Windeseile, würde bei HSBC für 2006 damit auf etwa 10,6 Milliarden US-Dollar steigen. Zwei Wochen später trat Siddharth N. (Bobby) Mehta, Chef des Nordamerikageschäfts der britischen Großbank, von seinem Posten zurück.

Der Umstand, dass HSBC früher als manch andere Großbank von der Immobilienkrise getroffen wurde, kommt nicht von ungefähr. HSBC ist nicht nur ein besonders großer, sondern auch ein besonders aggressiver Teilnehmer am US-Hypothekenmarkt, seit die Bank im Jahr 2003 für 14 Milliarden Dollar das Verbraucherkreditunternehmen Household International gekauft hat. Household zählt zu den Pionieren im amerikanischen Privatkreditgeschäft. Das Unternehmen galt schon Ende der 1920er Jahre als größtes Privatkreditunternehmen der USA. Um die Jahrtausendwende soll es der größte Kreditgeber der USA an Hauseigentümer mit einer Historie an unbezahlten Rechnungen (im Fachjargon: Subprime-Schuldner) gewesen sein. Allein in den Jahren von 1999 bis

2002 legte Household Kredite im Volumen von 45 Milliarden Dollar heraus – und das wohl nicht immer mit ganz fairen Methoden.

Im Mai 2002 strengten drei Kunden des Instituts einen Musterprozess vor dem Bezirksgericht von Cook County im Bundesstaat Illinois an, in dem sie Household International und ihre Tochtergesellschaften Household Finance Corporation und Beneficial Corporation einer ganzen Reihe von Vergehen anklagten, die von Betrug bis zu arglistiger Täuschung reichten. In der Klageschrift wurde Household beschuldigt, Kunden über die Kreditbedingungen getäuscht zu haben, vor allem hinsichtlich der Höhe der Zinssätze, der Gebühren und des Kreditvolumens, das häufig den Wert des finanzierten Hauses überstieg. Dieser offenen Sammelklage (*class action suite*) konnten sich bis zu 175.000 Kunden von Household International anschließen, die sich in ähnlicher Weise übervorteilt fühlten.

„Household hat es zu seiner Praxis gemacht, Kredite zu vergeben, die Familien und Gemeinden im ganzen Land geschadet haben", erklärte Maude Hurd, Präsidentin der Hausbesitzer-Schutzorganisation „Acorn", auf deren Internet-Seite. Das Unternehmen habe „Familien ihr wichtigstes Kapital, ihr Eigenheim, weggenommen, indem es leicht verletzliche Menschen aufs Korn genommen, sie über die tatsächlichen Kosten und Konsequenzen ihrer Kredite getäuscht und in die Falle von Krediten mit hohen Zinssätzen und hohen Zahlungsverpflichtungen gelockt hat."

Im Oktober 2002 stimmte Household International einem Vergleich mit den Klägern zu und erklärte sich bereit, die Rekordsumme von 484 Millionen Dollar an die Kläger zu zahlen. Durch das Gerichtsverfahren und sinkende Aktienkurse geschwächt, erschien Household International den britischen Bankern von HSBC schließlich als Schnäppchen. Und sie griffen zu, weil sie an dem als Goldgrube geltenden US-Hypothekenmarkt mitmischen wollten.

Household ist mit seinen rüden Methoden kein Einzelfall. Am 23. Januar 2006 erklärte sich das Management der ACC Capital Holdings Corporation (Ameriquest) und ihrer Tochtergesellschaften Ameriquest Mortgage Company, Town & Country Credit Corporation und AMC Mortgage Services, Inc. mit der Zahlung von 325 Millionen Dollar an seine Kreditnehmer einverstanden. Ameriquest wurde im „Wall Street Journal" vom 21. Januar 2006 als größter Eigenheim-Finanzierer des Landes für Kunden mit schlechter Bonität bezeichnet. Tausende von Hausbesitzern aus dem ganzen Land hatten gegen das Unternehmen geklagt, weil sie sich übervorteilt fühlten. Manche verloren ihr Haus, andere wurden in den Bankrott getrieben oder in ihrer Kreditwürdigkeit beschädigt, weil Ameriquest ihnen Kredite aufgeschwatzt hatte, die sie nicht zurückzahlen konnten.

Die Staatsanwaltschaften mehrerer Bundesstaaten warfen ACC und ihren Tochtergesellschaften vor, Sachverständige bedrängt zu haben, die Werte von Häusern und Grundstücken überhöht anzusetzen, damit die Kunden höhere Kredite aufnehmen konnten. Außerdem soll Ameriquest Kunden aufgefordert haben, schriftliche Informationen über Zinssätze zu ignorieren; man würde später niedrigere Zinsen verlangen. Später habe das Unternehmen dann doch die höheren Zinsen verlangt. Ferner soll Ameriquest seinen Kunden versichert haben, ihre Kreditverträge würden keine Vorfälligkeitsentschädigungen vorsehen. Später waren solche Klauseln aber doch in den Dokumenten enthalten. Solche Zahlungsverpflichtungen gegenüber einer Bank sind auch in Deutschland üblich, wenn ein Kunde seinen Kredit vor dem Ende der vereinbarten Laufzeit zurückzahlt – zum Beispiel anlässlich einer Umschuldung zu günstigeren Konditionen. Die Vorfälligkeitsentschädigung gilt gegenüber der Bank als Entschädigung für entgangene Zinsen im Rest der vereinbarten Kreditlaufzeit.

Die Aufmerksamkeit für das Verfahren gegen Ameriquest reichte immerhin bis in den US-Senat und ins Weiße Haus. Milliardär Roland E. Arnall, Gründer und Hauptaktionär von Ameriquest, war seit 2002 der größte Wahlkampfspender für Präsident George W. Bush. Und ausgerechnet zu der Zeit, als die Welle der Gerichtsverfahren gegen Ameriquest ihrem Höhepunkt entgegenstrebte, erwählte Bush Arnall zu seinem Kandidaten für den vakant werdenden Posten des Botschafters der USA in den Niederlanden. Im Senat stieß Bush damit zunächst auf Widerstand. Mehrere Senatoren äußerten sich besorgt über die ungeklärten Rechtsstreitigkeiten zwischen Ameriquest und mehreren Bundesstaaten. In einer Abstimmung im Auswärtigen Ausschuss im November 2005 mit neun zu neun Stimmen verfehlte Arnall zunächst die erforderliche Mehrheit. Senator Chuck Hagel, der einzige Republikaner im Foreign Relations Committee, der gegen Arnall stimmte, sagte, er wolle als Repräsentanten der USA keinen Mann ins Ausland schicken, über dem eine „Wolke" gerichtlicher „Ermittlungen" schwebe. Wenige Monate später, am 8. März 2006, konnte Arnall dennoch Königin Beatrix der Niederlande sein Beglaubigungsschreiben als US-Botschafter überreichen.

Auch der größte amerikanische Immobilienfinanzierer Countrywide Financial Corporation geriet schon weit vor dem offenen Ausbruch der so genannten „Subprime"-Kreditkrise in die Schlagzeilen. Am 5. Dezember 2006 meldete die Nachrichtenagentur „Reuters", Countrywide habe sich gegenüber dem New Yorker Staatsanwalt Eliot Spitzer bereit erklärt, jenen Kunden überhöhte Zinszahlungen zu erstatten, die einer Minorität angehören. Die New Yorker Staatsanwaltschaft hatte Ermittlungen eingeleitet, nachdem statistische Auswertungen von Hypothekenverträgen ergeben hatten, dass afroamerikanische und hispanische Kunden mit nicht ganz einwandfreier Bonität in New York häufig höhere Zinsen für ihre Hypotheken bezahlen müssten als vergleichbare weiße Kunden. Wegen ähnlicher Praktiken von Rassendiskriminierung bei der Vergabe von Verbraucher- und Immobilienkrediten waren zuvor schon andere große Geldverleiher mit der Justiz in Konflikt geraten.

Im April 2007 meldete die „New York Times", Countrywide müsse auch in Connecticut 500.000 Dollar Strafe zahlen, weil es gegen die Kreditgesetze des Bundesstaates verstoßen habe.

Wer sich auf eine Recherche-Reise ins Internet begibt, der stellt sehr schnell fest, dass Praktiken wie die von Countrywide, Ameriquest und Household International beileibe keine Einzelfälle waren. Vielmehr schien es schon Mitte der 90er Jahre in der Branche der US-Immobilienfinanzierer gängige Praxis geworden zu sein, auch solchen Menschen Geld zum Hauskauf oder einfach als Beleihung von Wohneigentum für andere Konsumzwecke zu leihen, deren Einkommen kaum ausreichen würden, um diese Kredite jemals wieder zurückzuzahlen. Wer die Schilderungen von betroffenen Kreditnehmern auf den Seiten von Verbraucherschutzorganisationen wie Acorn oder dem Center for Responsible Lending und deren zahlreiche Eigenpublikationen durchstöbert, der gewinnt schnell die Überzeugung, dass viele Immobilienfinanzierer völlig außer Kontrolle geraten sind. Sie scheinen alle Grundsätze kaufmännischer Vorsicht und des menschlichen Anstands über Bord geworfen zu haben, um kurzfristigen Gewinn aus außerordentlich langfristigen Geschäften zu ziehen, von denen von Anfang an feststand, dass sie auf Dauer nicht gutgehen würden.

Im Jahr 1994 verabschiedete der Kongress ein Gesetz, um die Geschäfte aggressiver Kreditgeber einzuschränken, die ihren Kunden Hypotheken zu überhöhten Zinsen und Gebühren aufdrängen. Zwei Jahre später stellten die Notenbank und das Ministerium für Wohnungswesen und Stadtentwicklung fest, dass dieses Gesetz seine Wirkung verfehlt hat.

Im Jahr 2001, als der US-Immobilienboom gerade erst so richtig in Schwung gekommen war, veröffentlichte die Fannie Mae Foundation, eine Stiftung des halbstaatlichen Immobilienfinanzierers Fannie Mae, eine Studie[(4)], in der „predatory lending" – der Begriff umschreibt die Aktivität derer, die wir im Deutschen als Kredithaie zu bezeichnen pflegen – als „eines der vordringlichsten politischen Themen der Finanzdienstleistungsbranche" bezeichnet wurde. „Räuberische Kredite", schreiben die Autoren James H. Carr und Lopa Kolluri in der Studie, „kennzeichnen sich durch exzessiv hohe Zinssätze oder Gebühren und missbräuchliche oder unnötige Klauseln, die für den Kreditnehmer keinen Nutzen haben, einschließlich progressiv ansteigender (‚ballooning') Zahlungsverpflichtungen oder Lebensversicherungen gegen Einmalprämie, hohe Vorfälligkeitsentschädigungen und eine Kreditvergabe, die auf die Fähigkeit der Kreditnehmer, den Kredit zurückzuzahlen, keine Rücksicht nimmt."

Um das Problem mit Kredithaien noch anschaulicher zu machen, zitieren Carr/Kolluri ein Beispiel aus dem wirklichen Leben, über das im Jahr 1997 der Fernsehsender ABC berichtet hatte: Es ist die „Geschichte eines alten Mannes mit angeschlagener Gesundheit, der weder lesen noch schreiben konnte. Dieser Mann bemühte sich eigentlich um einen Kleinstkredit, damit er sich etwas zu essen kaufen könnte. Tatsächlich drehte der angesprochene Geldverleiher seine Anfrage in eine 50.000-Dollar-Eigenheimhypothek. Nach 17 Tagen, noch be-

4 *James H. Carr, Lopa Kolluri: Predatory Lending: An Overview, Fannie Mae Foundation 2001*

vor die erste Rate fällig war, wurde der Kredit umgeschuldet. In den folgenden vier Jahren schuldete der Kreditgeber das Darlehen insgesamt elf Mal um und erhob jedes Mal eine Finanzierungsgebühr von zehn Prozent. Nachdem der Mann die Raten nicht zahlen konnte, betrieb der Geldverleiher die Zwangsvollstreckung über das Haus." Dieser Fall ging letzten Endes doch noch gut aus. Der Mann verklagte den Geldverleiher und sein Kredit wurde annulliert. „Dies war ein sehr ungewöhnliches Ende der Geschichte eines räuberischen Kredits", schreiben Carr/Kolluri in ihrer Studie, „die meisten Opfer schaffen es nicht, eine zufriedenstellende gerichtliche Entschädigung zu erlangen."

Natürlich darf man das, was Unternehmen wie Household International, Ameriquest oder Countrywide betrieben haben, nicht in einen Topf werfen mit dem, was Carr/Kolluri als „predatory lending" bezeichnen. Dafür hätte es schon einer klaren, entsprechenden richterlichen Verurteilung der Unternehmen bedurft. Der entzogen sich die Unternehmen aber, indem sie einen Vergleich akzeptierten. Doch auch die Autoren der Fannie-Mae-Studie stellen fest, dass die Grenzen zwischen *subprime lending* und *predatory lending* ziemlich im Nebel liegen. Als *subprime lending* bezeichnen die Amerikaner die Bereitstellung von Kredit für Haushalte, die zu einem ordnungsgemäßen Umgang mit Krediten nicht willens oder nicht in der Lage sind. „Der Subprime-Markt ist der letzte Kredit-Ausweg für Haushalte mit schlechter Kredit-Historie, unzureichenden Belegen über die notwendigen finanziellen Ressourcen oder andere Informationen, die für einen Kreditantrag wichtig sind, oder anderen Mängeln, die die Fähigkeiten des potenziellen Kreditnehmers einschränken, sich einen Kredit am Prime-Markt zu sichern."

Bei der Vergabe von Subprime-Krediten muss es sich aber nicht unbedingt um dubiose oder anrüchige Geschäfte handeln. Auch Robert Eakes bezeichnet sich als *subprime lender.* Als CEO der gemeinnützigen Organisation „Self-help" ermöglicht er Familien mit niedrigem Einkommen und Minoritäten-Haushalten durch Kredite Wohneigentum. „Seit 1980 hat Self-help in 47 Bundesstaaten mit Krediten von mehr als drei Milliarden Dollar mehr als 37.000 Familien ermöglicht, Eigenheimbesitzer zu werden", erklärte Eakes 2004 vor einem Ausschuss des US-Senats. Nebenher ist der Wohltäter Leiter der angesehenen Verbraucherschutzorganisation Center for Responsible Lending (Zentrum für verantwortungsvolle Kreditvergabe).

Predatory lending, erklären Carr/Kolluri, sei eine Untergruppe des *subprime lending.* Die genaue Abgrenzung zwischen beiden ist allerdings schwierig. „Ein Kredit muss nicht unbedingt mit einer exzessiven Zahl an ungeheuerlichen Bestimmungen ausgestattet sein, um die Zahlungsfähigkeit einer Familie in unfairer Weise auszuhöhlen", meinen Carr/Kolluri. So könne schon der Aufschlag von einem Prozentpunkt auf den Zinssatz einer Hypothek die finanzielle Belastung einer Familie beträchtlich erhöhen und ihre Fähigkeit zur Vermögensbildung erheblich einschränken. Tatsächlich liegen die Zinssätze von Subprime-Hypotheken in aller Regel ohnehin schon drei bis vier Prozentpunkte über denjenigen von Hypothekenschuldnern mit erstklassiger Bonität. Gerechtfertigt werden solche Aufschläge mit dem höheren Risiko, das Subprime-Kreditgeber zu tragen haben.

Auch mit einer weiteren Abgrenzung zwischen *subprime* und *predatory* tun sich Carr/Kolluri schwer: Wenn Kreditgeber „Minoritäten-Haushalte aus Gründen der Rasse oder Ethnie wegen ihrer Unfähigkeit im Umgang mit Krediten in den Subprime-Markt drängen, so mag dies eine Verletzung des Fair Housing and Equal Opportunity Act darstellen – aber nicht notwendigerweise ein Zeichen von räuberischer Kreditvergabe." Genau an diesem Punkt dürfte selbst nach amerikanischem Selbstverständnis erheblicher Nachholbedarf an einer genaueren und schärferen Abgrenzung liegen. So hat eine Untersuchung des U.S. Department of Housing and Urban Development (HUD) zutage gefördert, dass nach der Datenlage von 1998 in vorherrschend von Afro-Amerikanern bewohnten Gegenden 51 Prozent aller Eigenheim-Hypotheken zum Subprime-Segment zählten, während es in vornehmlich von Weißen besiedelten Gebieten nur neun Prozent Subprime-Hypotheken waren. Und das liegt nicht allein daran, dass Schwarze im Durchschnitt ein geringeres Einkommen haben und damit weniger kreditwürdig sind als weiße Amerikaner. So besagt die HUD-Studie auch, dass Subprime-Hypotheken in wohlhabenden schwarzen Siedlungen sechsmal häufiger vorzufinden sind als in wohlhabenden weißen Nachbarschaften. Solche Rassendiskriminierung verletzt zwar das Gesetz, gilt aber nicht als „predatory", als räuberisch?

Mit der Unterscheidung zwischen seriösen und räuberischen Krediten tun sich vor allem die Verbraucher schwer, und zwar nicht nur solche, die in Finanzangelegenheiten ungebildet und unerfahren sind. „Beim *predatory lending* sieht man oft sehr attraktive Zinssätze", weiß Jim Gardner, Sprecher des New Jersey Department of Banking and Insurance, „aber dann schlagen sie bei den Gebühren drauf, und am Ende sind die Kosten viel, viel höher, als Sie dachten."

Über viele Jahre waren Kreditgeschäfte mit Schuldnern zweifelhafter Bonität eine Domäne von Finanzunternehmen, die von unauffälligen Geschäften oder Filialen in der Nähe von Einkaufszentren aus operierten. Zwischen diesen Finanzunternehmen und den noblen Geschäftsbanken, die eher die bessere Kundschaft mit Geld und Kredit versorgten, gab es kaum Berührungspunkte – bis die Banken entdeckten, dass sich auch mit weniger begüterten Kunden gutes Geld verdienen lässt. Im Jahr 1998 vermeldete der Branchenverband der Hypothekenbanken unter dem Titel „The buying up of subprime", dass Geschäftsbanken sich zu großen Aufkäufern von Subprime-Kreditgebern entwickelt haben. Zum einen verdienten die Banken prächtig und die Kriegskassen waren voll. Da waren sie gern bereit, ihr Geschäft etwas auszudehnen, auch wenn damit ein wenig mehr Risiko verbunden war. Vor allem aber können sich Banken stets zu besten Konditionen refinanzieren. Die oft kleineren Subprime-Kreditgeber mussten dagegen höhere Zinsen für benötigte Refinanzierungen zahlen. Kauft eine große Bank ein Subprime-Kreditinstitut, kann es sich immer noch zu besten Konditionen refinanzieren, in ihrer Subprime-Tochter von den Kunden aber Wucherzinsen verlangen, und zwar so hohe, wie die Vorschriften und Regularien des jeweiligen Bundesstaates erlauben. Da sind die Gewinnaussichten gigantisch, zumindest solange es der Bank gelingt, die Risiken des Geschäfts ihrer Subprime-Tochter in Grenzen zu halten. Obendrein erhalten die Banken auf diese Weise Zugang zu einer Bevölkerungsschicht, die sie in ihrer Eigenschaft als noble Geschäftsbanken gar nicht als Kunden akzeptieren. Das gilt insbesondere für das Kreditgeschäft. Banken lehnten bis dahin die Kreditanträge vieler Kunden ab, weil ihnen das Risiko als zu hoch erschien. Die mussten sich dann anderswo mit den benötigten Mitteln eindecken. Jetzt merkten die Banken: Warum sollen wir diese Kunden zu einem anderen Kreditgeber schicken, wenn wir sie mit einem *Subprime-Lender* unter dem Konzerndach mit höheren Zinssätzen auch selbst bedienen können?

Und besser noch: Finanzgesellschaften, die nur Kredite vergeben, aber keine Einlagen entgegennehmen dürfen, unterliegen nicht der gleichen, strengen Aufsicht wie Banken. Es gibt keine staatlichen Regulatoren für reine Kreditunternehmen. Außerdem müssen sie nicht – wie Banken – jeden Kredit mit einer bestimmten Summe an Eigenkapital als Reserve für Kreditausfälle unterlegen. Entsprechend niedriger sind die Standards in diesem lukrativen, aber auch riskanten Business.

Die Aufmerksamkeit, die die *subprime lender* seit Ende der 90er Jahre auf sich gezogen haben, beschränkt sich natürlich nicht nur auf die Banken. Viele Kreditgesellschaften fusionieren auch untereinander oder werden von anderen Finanzgesellschaften aufgekauft. Im Ergebnis werden diese Anbieter größer und schlagkräftiger – und sie schneiden sich immer größere Stücke aus dem gesamten Kuchen des Hypothekenmarktes heraus. Von niedrigen einstelligen Raten schwillt der Anteil der Subprime-Kreditgeber auf über ein Drittel des Marktes.(5)

Die Konzentration der Branche spiegelt sich auch im gesamten Hypothekengeschäfts wider. Machten die 25 größten Hypothekengeber Anfang der 90er Jahre allenfalls ein Drittel des Marktes unter sich aus, so beherrschten sie ihn gut ein Jahrzehnt später zu weit über 80 Prozent.(6)

Der Effekt der neuen Umtriebigkeit auf dem Hypothekenmarkt wurde anfangs durchaus begrüßt. „Eine willkommene Entwicklung der vergangenen Jahre ist die Ausweitung des Eigenheim-Hypothekenmarktes auf alle sozio-ökonomischen Gruppen“, sagte Notenbankgouverneur Edward M. Gramlich auf einer Konferenz in Philadelphia. Studien zeigten, so Gramlich, „dass Verbraucher mit geringem Einkommen und Angehörige von Minderheiten, die traditionell Schwierigkeiten hatten, Hypothekenkredite zu bekommen, jetzt Kredite in rekordhoher Zahl bekommen.“ In der Zeit von 1993 bis 1998 sei das Volumen konventioneller Hypotheken von Kreditnehmern mit geringem Einkommen um 75 Prozent gestiegen, das

5 *OHEO: Mortgage Markets and the Enterprises in 2006, Juni 2007*
6 *Ebenda*

von Hispanics um 78 Prozent und das von Afro-Amerikanern sogar um 95 Prozent. Insgesamt sei das Volumen konventioneller Hypotheken im gleichen Zeitraum dagegen nur um 40 Prozent gestiegen. Dass dieses Wachstum auch eine Kehrseite hatte, war dem Lobredner der Konferenz von Philadelphia allerdings wohl bewusst, wie wir noch sehen werden.

Das Geschäft der Kredithaie in den USA beschränkt sich natürlich nicht auf die Ausplünderung von Hauskäufern oder -besitzern. Jeder, der auch nur kurzfristig knapp bei Kasse ist, kann in ihre Fänge geraten. Da gibt es Kredite, mit denen erwartete Steuerrückzahlungen von heute auf morgen zu Bargeld gemacht werden. Da gibt es *Payday*-Kredite zur finanziellen Überbrückung der Zeit bis zur nächsten Lohn- oder Gehaltszahlung, Kredite für Anzahlungen im Rahmen eines Mietkaufgeschäfts oder *car title loans*, für die die Kreditnehmer ihr Auto verpfänden. Für fast alles und jedes ist Kredit erhältlich – doch meist zu Konditionen, die man nicht als vorteilhaft für die Kreditnehmer bezeichnen kann. Längst sind viele der euphemistisch als Ratenkreditgeber oder Verbraucherkreditinstitute bezeichneten Unternehmen, die noch vor wenigen Jahren eher in Schmuddelecken ihren trüben Geschäften nachgegangen sind, dank günstigster Refinanzierungsquellen und dank des Internets in den USA beinahe omnipräsent.

Um sich vorzustellen, wie ein solches Geschäft funktionieren könnte, bedarf es nur geringer Kenntnis der Finanzmärkte und ein wenig Phantasie. In den 90er Jahren beispielsweise konnten sich potente und solvente Unternehmen in Japan beinahe zum Nulltarif Geld beschaffen. Die japanische Wirtschaft litt unter den Folgen der 1990 geplatzten Immobilienspekulationsblase, weswegen die japanische Notenbank ihren Leitzins auf das absolute Minimum, nämlich Null Prozent gesenkt hatte und über Jahre an diesem Niveau festhielt. Viele japanische Banken waren zwar das ganze letzte Jahrzehnt des

20. Jahrhunderts damit beschäftigt, faule Kredite in ihren Büchern entweder zu kaschieren oder abzuschreiben. Doch dank des weltweiten Finanzkarussells war ja niemand auf japanische Banken als Kreditgeber angewiesen. Japanische Yen konnte man sich auch anderswo leihen, und zwar zu niedrigsten Zinsen. Man konnte dieses Geld in Dollar umtauschen und an notleidende Amerikaner für Horrorzinsen von 20, 50 oder 100 Prozent p. a. ausleihen. US-Verbraucherschutzorganisationen haben errechnet, dass die Zinssätze für kurzfristige Überbrückungskredite, beispielsweise zur Vorfinanzierung erwarteter Steuerrückzahlungen, bei manchen Geldverleihern bei über 1000 Prozent pro Jahr liegen. Da erscheint das Wechselkursrisiko, zur Rückzahlung der Yen-Kredite die Dollars zu einem ungünstigeren Kurs in Yen zurücktauschen zu müssen, als geradezu lächerlich gering.

Seit den 90er Jahren geraten viele Amerikaner in finanzielle Engpässe. Die einen, weil sie ihren Job verloren haben; andere, weil die Löhne aus vielen Jobs nicht ausreichen, um eine Familie finanziell über Wasser zu halten. Nicht umsonst nehmen immer mehr Menschen zwei, manche auch drei Jobs auf sich, um den täglichen Lebensunterhalt bestreiten zu können. In einem solchen Umfeld breitet sich das Geschäft der Geldverleiher im Subprime-Sektor, und vor allem das räuberische Kreditgeschäft, wie ein Flächenbrand aus. Genaue Zahlen darüber gibt es nicht, weil es an einer legalen Definition mangelt. Und wo der Gesetzgeber sich weigert zu definieren, was im Kreditgeschäft *predatory* bedeutet, werden auch keine Statistiken erhoben.

Aber es gibt Indizien. Im Jahr 2006 beispielsweise forderte der US-Senat beim Verteidigungsministerium einen Bericht darüber an, inwieweit Angehörige der US-Streitkräfte in räuberische Kredite verwickelt sind und welche Folgen das für das Militär hat.

In diesem Bericht[7] stellte das Pentagon fest, dass Angehörige der US-Streitkräfte in großer Zahl in Kredite mit missbräuchlichen oder räuberischen Konditionen verstrickt sind, wodurch deren Moral geschwächt und ihre Sicherheitsstufe (*security clearance*) gefährdet wird. Insgesamt „werden durch räuberische Kreditvergabe die militärische Einsatzbereitschaft zersetzt, die Moral der Truppe und ihrer Familien geschwächt und die Kosten der Bereitstellung einer rein aus Freiwilligen bestehenden Berufsarmee erhöht."

Vor allem der Sicherheitsaspekt der Finanzprobleme von Soldaten irritierte das Verteidigungsministerium. Im Anhang zu dem Bericht erläuterte Captain Marc D. Patton, Kommandant des Marinestützpunktes in Point Loma in Kalifornien, was es damit auf sich hat: „Viele unserer jungen Rekruten müssen eine Sicherheitsprüfung bestehen und ihre Sicherheitsstufe halten, die ihre volle und unzweifelhafte Integrität erfordert. Ein mit Schulden, Angst und erheblichem Stress beladener Soldat könnte sich plötzlich in einer Situation befinden, in der seine Integrität kompromittiert wird. Darunter wird möglicherweise seine Arbeitsleistung leiden, und höchstwahrscheinlich wird er seine Sicherheitsstufe verlieren und vorübergehend von seinen Aufgaben entbunden. Von 2000 bis 2005 ist die Zahl der Fälle zurückgezogener oder abgelehnter *security clearances* aufgrund finanzieller Probleme um 1.600 Prozent gestiegen." Insgesamt sind in der Navy für 80 Prozent aller zurückgezogenen oder abgelehnten *security clearances* persönliche Finanzprobleme die Ursache.

Wie so etwas geschehen kann, dafür führte das Pentagon in seinem Bericht mehrere Beispiele an. Eines davon geht so: Eine aktive Angehörige der Air Force, stationiert auf der Maxwell Air Force Base in Maxwell, Alabama, war zunächst nur mit ihren Zahlungen für die Miete und einen Autokredit

7 *U.S. Department of Defense: Report on Predatory Lending Practices Directed at Members of the Armed Forces and Their Dependents, Washington, D.C., 9. August 2006*

im Rückstand und benötigte etwas Bargeld. Da ihre Kredit-Historie nicht die Beste war, hielt sie einen *payday loan* zur Überbrückung bis zum nächsten Lohnzahltag für eine gute Idee. Sie erhielt ursprünglich einen Kredit von 500 Dollar mit der Verpflichtung, innerhalb von zwei Wochen 600 Dollar zurückzuzahlen. (Das entspricht einem Zinssatz von 20 Prozent in zwei Wochen oder 514 Prozent pro Jahr.) Da sie zu dieser Rückzahlung nicht in der Lage war, nahm sie weitere Payday-Kredite auf und war gezwungen, diese mehrfach zu verlängern. Um diese abzulösen, kontaktierte sie ein Unternehmen für Anzahlungsfinanzierungen, das ihr 10.000 Dollar zu einem Zinssatz von 50 Prozent pro Jahr zur Verfügung stellte. Der Gesamtaufwand zur Ablösung der Payday-Kredite betrug zu diesem Zeitpunkt 12.750 Dollar, und die Verpflichtungen gegenüber dem Anzahlungsfinanzierer beliefen sich nun auf 15.000 Dollar. Ihre finanziellen Probleme waren schließlich ein gewichtiger Faktor für ihre Ehescheidung.

Insgesamt hat sich die Zahl der Kredithaie in den USA während der vergangenen Jahre vervielfacht. Das *payday lending*, heißt es in dem Pentagon-Bericht, hat sich überhaupt erst seit Mitte der 90er Jahre entwickelt und ist mittlerweile in 39 Bundesstaaten erlaubt. Allein die Zahl der auf Payday-Kredite spezialisierten Kreditbüros ist von etwa 8.000 bis 10.000 im Jahr 1999 bis zum Jahr 2005 auf 23.000 gestiegen. Mancherorts haben die Payday-Kreditbüros die herkömmlichen Banken sogar schon vollständig verdrängt: „Im Bezirk Union Miles von Cleveland, der von der Immobilienkrise besonders hart betroffen ist, sind alle konventionellen Banken durch Payday-Kreditbüros ersetzt worden, die armen Familien mit grellen Werbetafeln Sofort-Bargeld für ein oder zwei Wochen anbieten“, berichtet die Nachrichtenagentur Reuters. Und Bill Faith, Geschäftsführer der Dachorganisation COHHIO von 600 gemeinnützigen Organisationen, ergänzt, im Bundesstaat

Ohio gebe es etwa 1.650 solcher Kreditbüros – mehr als alle McDonald's-, Burger King- und Wendy's-Schnellrestaurantfilialen zusammen. „Das spricht Bände", sagt Faith, „denn die Leute aus Ohio lieben ihr Fast Food."

Dass derartige Kreditbüros wie Pilze aus dem Boden schießen, ist auch kein Wunder, denn beim *Payday-Lending* handelt es sich um ein äußerst lukratives Geschäftsmodell. Die Kredite sind zwar klein und belaufen sich im Durchschnitt nur etwa auf 350 Dollar, die am nächsten Lohn-Zahltag, typischerweise nach 14 Tagen, zur Rückzahlung fällig werden. Das Lukrative an den Krediten aber sind die Zinsen. Aufs Jahr hochgerechnet liegen die Zinssätze irgendwo zwischen 390 und 780 Prozent.

Solche Beispiele und die dokumentierten Daten in diesem Pentagon-Bericht beeindrucken umso mehr, als die Streitkräfte allein im Jahr 2005 345.000 Soldaten und Familienangehörige im Umgang mit privaten Finanzen, über die von Kredithaien ausgehenden Gefahren und über bessere Lösungsalternativen für finanzielle Probleme geschult haben. Partnerorganisationen haben solche Schulungsveranstaltungen für weitere 61.000 Militärs durchgeführt. Überdies bieten Hilfsfonds der Armee, der Luftstreitkräfte und der Marine den Angehörigen der jeweiligen Teilstreitkräfte Hilfe bei finanziellen Problemen an. Ferner bieten Banken und Kreditgenossenschaften, die auf den Militärbasen mit Niederlassungen vertreten sind, besonders auf den Bedarf von Soldaten für schnelles Bargeld ausgerichtete Kreditprodukte an. Tatsächlich haben regelmäßig durchgeführte Umfragen unter Militärangehörigen ergeben, dass diese inzwischen besser als noch in den Jahren zuvor in der Lage sind, mit ihren Finanzen zurechtzukommen.

Trotz aller Vorkehrungen sieht sich dem Bericht zufolge das US-Militär aber außerstande, dem Problem des räuberischen Kreditwesens allein Herr zu werden: „Das Verteidigungsministerium kann *predatory lending* nicht ohne die Unterstützung durch den Kongress, die Gesetzgeber der Bundesstaaten und die bundes- und einzelstaatlichen Behörden verhindern." Das Pentagon fordert deshalb vom US-Kongress unter anderem ein Verbot von

- Krediten ohne Rücksicht auf die Fähigkeit der Kreditnehmer zu deren Rückzahlung,
- Krediten gegen Verpfändung von Gehaltszahlungen oder Autos,
- einem Verzicht des Kreditnehmers auf den Rechtsweg

sowie eine Zinsobergrenze für Kredite an Militärangehörige von 36 Prozent pro Jahr.

Ähnliche Forderungen stellen Verbraucherschutzorganisationen in den USA schon seit vielen Jahren. Und damit sind die Interessenvertreter von Verbrauchern und Kreditnehmern nicht allein. Auch Princeton-Ökonom Paul Krugman fragt: „Wo waren die Regulatoren, während eines der größten finanziellen Desaster seit der Großen Depression sich entfaltete?" Die Antwort liefert Robert Frank, Ökonomie-Professor an der Cornell University: Die Ausbreitung der Payday-Kreditbüros sind „ein Problem, das durch die Deregulierung [des US-Finanzsektors in den 90er Jahren] entstanden ist."[8]

8 *„Pay day" loans exacerbate housing crisis, Reuters, 24. März 2008*

Der Staat schaut einfach nur zu

Anfang des Jahres 2004 ging ein Aufschrei der Empörung durch diejenigen Gruppen in den USA, die sich einigermaßen mit Bankgeschäften auskannten. Die Aufregung ergriff nicht nur Verbraucherschutzvereine, sondern reichte bis in den US-Senat und in die Amtsstuben höchster Regierungsstellen in den Bundesstaaten. Anlass der Empörung war ein Erlass des Office of the Comptroller of the Currency (OCC), dem die Aufsicht über die Banken mit nationaler Lizenz untersteht.

Bevor wir versuchen, die Aufregung nachzuvollziehen, sind erst einmal ein paar rudimentäre Erklärungen zum amerikanischen Bankensystem notwendig, das lange durch die Gesetzgebung nach der Weltwirtschaftskrise der 1930er Jahre geprägt war. Seinerzeit wurde mit dem Glass-Steagell Act (1933) eine Trennung zwischen Investmentbanken einerseits und Geschäftsbanken und Sparkassen (Thrift Institutions) andererseits vollzogen. Die Geschäftsbanken und Thrift Institutions wurden auf das Einlagen- und Kreditgeschäft beschränkt, das Wertpapier- und Emissionsgeschäft war dagegen den Investmentbanken vorbehalten. Mit dem McFadden Act (1934) wurden die Banken darüber hinaus auf das Geschäft in demjenigen Bundesstaat beschränkt, in dem eine Bank ihren Sitz hatte.

Beide Gesetze wurden in den 90er Jahren gelockert. Der Riegle-Neal Act (1994) erlaubte Geschäftsbanken, die dafür eine Lizenz von der Bundesregierung erwarben, die Ausdehnung ihrer Geschäfte auch auf andere Bundesstaaten, sei es durch Übernahmen von Instituten in anderen Bundesstaaten, sei es durch eigene Filialen in anderen Bundesstaaten. Mit dem Gramm-Leach-Bliley Act wurde 1999 auch die Spartentrennung zwischen Geschäfts- und Investmentbanken weitgehend aufgehoben.

Als „National Banks" bezeichnen die Amerikaner Banken mit einer nationalen Lizenz. Das sind nicht notwendigerweise nur große Banken mit landesweiter Geschäftstätigkeit, sondern einfach Banken, die eine Geschäftslizenz vom Office of the Comptroller of the Currency erworben haben und dessen Aufsicht unterstehen. Daneben kennt das US-Bankensystem so genannte State Banks mit einer Lizenz des jeweiligen Bundesstaates, in dem sie tätig sind. Ferner gibt es die Bank Holding Companies, denen eine oder mehrere Banken gehören oder die an Banken beteiligt sind.

Zahlreiche Bundesstaaten haben während der 90er Jahre oder danach zum Teil weit reichende Gesetze zum Schutz der Verbraucher vor unlauteren oder räuberischen Kreditverträgen erlassen. Diese Gesetze scheinen zu wirken. So hat das Center for Community Capitalism der Kenan-Flagler Business School an der University of North Carolina in einer Studie beispielhaft festgestellt, dass „die Daten stark dafür sprechen, dass das Gesetz in North Carolina bewirkt, was es bewirken soll." Während die Zahl der Subprime-Hypotheken nach Inkrafttreten des Gesetzes leicht abnahm, gingen rund 90 Prozent des Rückgangs auf das Konto des *predatory lending*, also unlauterer oder räuberischer Kredite.

Was nun die Verbraucherschutzgruppen und viele Regierungen der Bundesstaaten Anfang 2004 so in Rage brachte, war ein Erlass des Comptroller of the Currency, des obersten Aufsehers der Banken mit nationaler Lizenz. Dieser Erlass besagte, dass die unter seiner Aufsicht stehenden Institute und ihre Tochtergesellschaften nicht den Gesetzen der Bundesstaaten unterliegen und deren Verbraucherschutzvorschriften nicht beachten müssten. Was diese neue Regel bedeutete, lässt sich nicht besser als in Zitaten ausdrücken:

- US-Verbraucherschutzpionier Ralph Nader: „Die nationalen Banken können denjenigen Bundesstaaten eine lange Nase zeigen, die sich darum bemühen, unlautere Machenschaften und abartig hohe Gebühren räuberischer Kreditgeber, mit denen die Verbraucher überhäuft werden, zu kontrollieren."
- Martin Eakes, CEO des Center for Responsible Lending: Die neuen OCC-Regeln „stellen einen großen Schritt rückwärts dar im Kampf gegen das räuberische Kreditwesen."
- Paul S. Sarbanes, US-Senator und Mitglied des Senatsausschusses für Banken, Wohnungswesen und kommunale Angelegenheiten: „Für den Bereich der räuberischen Hypothekenkredite ist die Aktion des OCC besonders enttäuschend. Statt die Bemühungen der Bundesstaaten zu begrüßen, hat das OCC alles daran gesetzt, sie zu attackieren und zu erklären, dass sie auf nationale Banken und ihre Tochtergesellschaften nicht anwendbar sind. Stattdessen empfiehlt das OCC nur einen minimalen Schutz, der viele der übelsten Missbräuche der räuberischen Kredite gar nicht berührt."
- Roy Cooper, Justizminister (*Attorney General*) von North Carolina, in seiner Anhörung vor dem Senatsausschuss für Banken, Wohnungswesen und kommunale Angelegenheiten: „Die Justizminister [der 50 Bundesstaaten] vertreten, wie Sie hier im Senat, ein breites Spektrum an Standpunkten, und es ist ganz und gar unüblich für uns, dass wir uns auf irgendetwas einigen. Trotzdem sind wir alle alarmiert über den Versuch des OCC, unsere Fähigkeit an sich zu reißen, die Menschen in unseren jeweiligen Bundesstaaten zu schützen; in diesem Punkt sind wir uns alle einig."

Das Amt des Comptroller of the Currency hatte zu jener Zeit John D. Hawke inne, ein ehemaliger Wirtschaftsanwalt der Washingtoner Kanzlei Arnold & Porter, die sich auf das Bankrecht spezialisiert hat. Fast drei Jahrzehnte lang kämpfte Hawke im Auftrag seiner Mandanten, zumeist Banken, gegen die Regierung, die sich lange Zeit weigerte, das Bankwesen zu deregulieren. „Aggressive Finanzinstitutionen", schrieb die „New York Times" anlässlich seiner Berufung zum Comptroller of the Currency, „stützten sich auf Anwälte wie Hawke, um das Gesetz auszutricksen." Vor der konservativen Juristenvereinigung „Federalist Society", einer höchst einflussreichen Denkfabrik konservativer Juristen, sprach Hawke sich 2003 gegen einen gesetzlichen Schutz vor räuberischen Krediten aus. Die „Northwestern Financial Review" zitierte Hawke mit den Worten: „Die Gesetze versagen, weil sie allen schaden, nicht nur den Übeltätern." Außerdem existiere das Problem des *predatory lending* fast ausschließlich außerhalb des Bankgewerbes. Das dürfte ganz nach dem Geschmack der Zuhörer in der Juristenvereinigung gewesen sein. Denn die halten staatliche und behördliche Regulierungen ganz generell entweder für eine Einschränkung der bürgerlichen Freiheit oder für eine Beeinträchtigung der Effizienz des Marktes.

Anzeichen deuten darauf hin, dass Hawke seinen Coup vom Januar 2004 von langer Hand vorbereitet hat. In einem Brief vom Mai 2000 an den Vorsitzenden des Senatsausschusses für Banken, Wohnungswesen und kommunale Angelegenheiten schrieb er: „Ich habe keinen Grund zu der Annahme, dass nationale Banken in räuberische Kreditvergaben involviert sind." Wenn das den Tatsachen entspräche, dann bräuchte man in der Tat keine neuen Regularien gegen *predatory lending.*

US-Verbraucheranwalt Ralph Nader ist denn auch überzeugt, dass Hawke schon seit langem „Anspruch auf den Titel eines Terminators von bundesstaatlichen und kommunalen Verbraucherschutzgesetzen erhebt."

In das Finanzministerium in Washington wurde Hawke 1995 übrigens von einem seiner ehemaligen Mandanten berufen, dem Ex-Manager der Bank of America Corporation Frank N. Newman. Als Präsident Bill Clinton 1998 einen neuen Comptroller of the Currency suchte, wurde Hawke von Finanzminister Robert E. Rubin empfohlen, der zuvor als Partner und Co-Chairman die Investmentbank Goldman Sachs geleitet hatte und später zum Chairman der Citigroup berufen wurde. John Ryan, Vize-Präsident der Conference of State Bank Supervisors, sagte über Hawke: „Er handelt mehr wie ein Verteidiger [der Banken] denn als deren öffentlicher Aufseher."

Doch alle Kritik richtete nichts aus. Nach der Verkündung der neuen Aufsichtsregeln von 2004 kam es zwischen dem Comptroller of the Currency und dem US-Kongress zu Reibereien. Die Angelegenheit ging vor Gericht. In einer Entscheidung vom April 2007 urteilte der United States Supreme Court, das oberste Bundesgericht, dass nationale Banken und ihre Tochtergesellschaften, einschließlich der Hypothekentöchter, die Gesetze einzelner Bundesstaaten nicht zu beachten brauchen.

Nach dem Urteil des U.S. Supreme Court können nun die Bundesstaaten nur noch das Geschäft der von ihnen lizenzierten State Banks regulieren, die National Banks dagegen werden von Bundesbehörden reguliert. Doch viele der großen Banken sind längst unter die Fittiche der Bundesaufsicht durch das OCC geschlüpft. Das Urteil wird denn auch als ein weiterer Nagel für den Sarg des dualen Bankensystems in den USA interpretiert.

Auch beim Federal Reserve Board, dem zweiten Arm der Bankenaufsicht in den USA, gab es schon frühzeitig Warnungen vor Problemen im Kreditwesen des Landes. Im Jahr 2000 beispielsweise warnte Edward M. Gramlich, Gouverneur der amerikanischen Notenbank, dass eine schnell wachsende Gruppe von neuartigen Kreditgebern viele Menschen zur Aufnahme riskanter Kredite verlocke, die diese sich gar nicht leisten könnten. In vertraulichem Gespräch forderte Gramlich US-Notenbankpräsident Alan Greenspan auf, Prüfer der Notenbank die Praktiken der Hypothekentöchter der nationalen Banken genauer durchleuchten zu lassen. Doch Greenspan lehnte ab.

Solche Überprüfungen – und vielleicht gar anschließende Regulierungen – sind nicht nach Greenspans Geschmack. Schon in jungen Jahren war er der Überzeugung, es sei ein „kollektivistischer" Mythos, dass sich selbst überlassene Unternehmer „unsichere Lebensmittel und Arzneimittel, betrügerische Wertpapiere und marode Häuser zu verkaufen versuchen würden." Es liege vielmehr „im Eigeninteresse jedes Unternehmers, für ehrliche Geschäfte und Qualitätsprodukte geschätzt zu werden."[9] Noch in seinen Memoiren vertritt Greenspan die Auffassung, „die Vorzüge einer weiteren Verbreitung von Wohneigentum" hätten die Risiken eines ungeregelten Kreditsektors gerechtfertigt. (Princeton-Ökonom Paul Krugman wies dagegen darauf hin, dass sich das Wohneigentum in den USA gar nicht weiter verbreitet hat. Im Dezember 2007 stellte er fest: „Die Wohneigentumsquote ist bereits wieder auf das Niveau von 2003 gesunken. Wegen Millionen drohender Zwangsversteigerungen wird die Wohneigentumsquote am Ende der Bush-Präsidentschaft wahrscheinlich niedriger liegen als an deren Anfang."[10])

Im Übrigen kommt Greenspan der Boom am Immobilienmarkt ganz gelegen. Denn gerade zu dieser Zeit, im Jahr

9 *Zitiert nach Paul Krugman: Blindly into the Bubble, New York Times, 21. Dezember 2007*
10 *Ebenda*

2000, als Gramlich seine Bedenken vortrug, zeigten sich schon große Risse in der Spekulationsblase an den Aktienmärkten. Als die Blase platzte, zählte die Notenbank darauf, dass der Häusermarkt die Konjunktur stützt. Außerdem, erklärte Greenspan in einem Interview, sei die Notenbank für Ermittlungen über unlautere Kreditgeschäfte schlecht ausgestattet.

Später, in seinen Memoiren, stellte Greenspan fest: „Mir war bewusst, dass die Lockerung der Bedingungen für Subprime-Kreditnehmer die Risiken an den Finanzmärkten erhöhen würde. Ich glaubte aber damals wie heute, dass die Vorzüge eines breiteren Wohneigentums das Risiko wert waren."

In die gleiche Kerbe schlug 2005 Steve Fritts. Der für Risiko-Management-Politik zuständige Direktor der Einlagenversicherung Federal Deposit Insurance Corporation erklärte: „Wir wollen die Innovationen im Finanzsektor nicht aufhalten. Wir haben den lebendigsten Häuser- und Hausfinanzierungsmarkt der Welt mit vielen Innovationen. Wir glauben, dass es normalerweise gut ist, wenn die Konsumenten eine große Auswahl haben."

Der Verfall der Standards im Kreditwesen wurde unübersehbar, als die Kreditgeber im Jahr 2004 – nach der Ausschaltung der Verbraucherschutzgesetze der Bundesstaaten für die nationalen Banken und ihre Tochtergesellschaften – anfingen, eine Flut zweifelhafter neuer Produkte auf den Markt zu bringen.

So weit hätte es nicht kommen müssen, meinten später Mark H. Adelson und David P. Jacob, Partner des Beratungsunternehmens Adelson und Jacob Consulting. In ihrer Analyse des Subprime-Desasters[11] heißt es: „Kreditausfälle und Zwangsversteigerungen wären wohl nie auf ein derart beunruhigendes Niveau gestiegen, wenn Politiker dem Subprime-Hypothekensektor vernünftige Beschränkungen auferlegt hätten.

11 *Mark H. Adelson, David P. Jacob: The Sub-prime Problem: Causes and Lessons, 8. Januar 2008*

Vor dem Platzen der Immobilienblase hat die Politik der Regierung hinsichtlich Hypotheken sich nur auf Aktivitäten der räuberischen Kreditvergabe konzentriert, und hier vor allem auf gesetzwidriges Verhalten von Kreditgebern und Hypothekenmaklern." Und auch das allenfalls halbherzig, muss man hinzufügen. „Neben dem Problem des *predatory lending*", heißt es bei Adelson/Jacob weiter, „schien den Politikern angesichts des nationalen Ziels der Förderung von Wohneigentum eine substanzielle Regulierung des Hypothekengeschäfts ein Gräuel zu sein."

Erst im Jahr 2005 begannen die Bundesaufseher der nationalen Banken sich langsam Sorgen zu machen, weil, wie es in der „New York Times" hieß, „die Hypothekengeber mit exotischen und unergründlichen Produkten Amok liefen." Eine Studie der Notenbank über deren Praktiken offenbarte einen rapiden Verfall der Standards, der 2004 begann und 2006 endete, als der Boom am Häusermarkt sein Endstadium erreicht hatte. Im Dezember 2005 schließlich schlugen die Regulatoren neue Regeln vor. Es dauerte aber noch bis September 2006, ehe sich das OCC und die Fed auf neue Regeln einigen konnten.

Doch die neuen Regeln schockierten erneut die Verbraucherschützer. Denn diese betrafen lediglich einen schmalen Ausschnitt exotischer Hypotheken, wie der „Option-ARM", nicht aber das große Segment der konventionellen Suprime-Hypotheken. Die exotischen Produkte waren zum Zeitpunkt des Inkrafttretens der neuen Regeln ohnehin schon weitgehend vom Markt verschwunden.

Zwei Monate nach dem Inkrafttreten der neuen Regeln war dann auch das Subprime-Geschäft klinisch tot. Ab Ende 2006 gingen Hypothekenbanken reihenweise bankrott. Vom Herbst 2006 bis Ende April 2008 zählte das „Mortgage Lender Implode-O-Meter“ (http://ml-implode.com) im Internet 255 Unternehmenszusammenbrüche.

Die Frage von Princeton-Ökonom Paul Krugman nach dem Versagen der Regulatoren hat also durchaus einen tieferen Sinn. Krugmans Erklärung für das Desaster lautete: „Sie waren ideologisch verblendet.“

US-Investor George Soros sah das Debakel aus einem ähnlichen Blickwinkel. Im Vorfeld des Weltwirtschaftsforums 2008 schrieb er in der „Financial Times“: Das seit Jahrzehnten praktizierte System staatlicher Nicht-Einmischung in wirtschaftliche Angelegenheiten und fortwährender Kreditexpansion sei lange Zeit so erfolgreich gewesen, „dass die Menschen daran zu glauben begannen, was der frühere US-Präsident Ronald Reagan als Magie des Marktes bezeichnete und ich Markt-Fundamentalismus nenne. Fundamentalisten glauben, dass der Markt einem Gleichgewicht zustrebt und dem Gemeinwohl am besten dadurch gedient ist, den Marktteilnehmern zu erlauben, ihre Eigeninteressen zu verfolgen. Das ist offensichtlich ein Irrtum, weil es stets staatliche Interventionen waren, die die Finanzmärkte vor einem Zusammenbruch bewahrt haben, nicht die Märkte selbst. Trotzdem wurde der Markt-Fundamentalismus zur vorherrschenden Ideologie seit den 80er Jahren, als die Globalisierung der Finanzmärkte begann.“

Eine Politik, die dieser Ideologie folgt und den Wirtschaftsunternehmen bei ihren Geschäften weitgehend freie Hand lässt, ist diesen naturgemäß höchst willkommen. Bei der britischen HSBC hatte im Jahr 2003 denn auch niemand Bedenken, sich das US-Verbraucherkreditunternehmen Household International einzuverleiben. Auf Anfrage teilte das Unternehmen per E-Mail mit: „HSBC war sich der Natur des Geschäfts von Household, seiner Geschäftspraktiken und seiner Kundenbasis sowie der Themen, die Gegenstand von Auseinandersetzungen mit den Regulatoren waren, wohl bewusst." Die Schwierigkeiten in der US-Hypothekensparte, teilte Pressesprecher Richard Lindsay mit, stammen allerdings nicht aus dem Household-Geschäft vor 2003, sondern aus Krediten, die die Bank in den folgenden Jahren selbst gewährt oder zugekauft hatte. Unsauber (*improper*) aber, betonte Lindsay, seien die Geschäfte seit der Household-Akquisition in keiner Weise gewesen.

Warum auch sollte jemand die Geschäfte der in HSBC Finance umbenannten US-Gesellschaft für unsauber halten. Aus der Sicht der Bankaufsicht war ja – fast – alles ganz legal.

Waghalsiger Handel mit großen Risiken

„Wie konnten amerikanische Banken bloß so leichtsinnig Immobilienkredite vergeben?", fragte die „ZEIT" in ihrer Ausgabe vom 14. Februar 2008. Es ist genau die richtige Frage, die hier gestellt werden muss, und doch ist es nur mehr eine rhetorische Frage. Natürlich kennt auch die „ZEIT"-Redaktion den Grund: Der Leichtsinn hatte Methode und resultierte aus der Tatsache, dass die Banken die Immobilienkredite samt den darin enthaltenen Risiken schnell wieder loswerden konnten. Es gab ja genug Investoren – andere Banken, Hedge Fonds, Pensionsfonds, Investmentfonds, Versicherungen –, die danach lechzten, mit hypothekenbesicherten Anleihen ein paar Zehntel-Prozentpunkte mehr Rendite zu erzielen als mit US-Staatsanleihen.

Das geht im Prinzip so:

Ein Kredit ist nichts anderes als eine Forderung gegen den Schuldner. Dieser muss das geliehene Geld samt Zinsen und Gebühren an die Bank zurückzahlen. So steht es im Kreditvertrag. Forderungen aus einem solchen Vertrag können ein Wirtschaftsgut, eine Ware, sein, die man verkaufen kann. Dazu werden die Forderungen zu ganzen Bündeln zusammengefasst und im Paket verkauft. Der Anspruch auf die Zahlungen der Schuldner geht auf den Käufer der Kredite über – die Risiken, dass nicht alle Schuldner ihre Verträge nach Punkt und Komma erfüllen, allerdings auch. Die Bank ist damit die Risiken los und kann sich der Vergabe neuer Kredite widmen.

Der Käufer, nehmen wir an, ist ein gewiefter Kenner der Finanzmärkte. Er wandelt die Kredite in eine Anleihe um. Die verspricht dem potenziellen Käufer mit Brief und Siegel, dass nun er den Anspruch auf die Zins- und Tilgungszahlungen der Schuldner besitze. So funktioniert – im Prinzip – das Geschäft mit Mortgage Backed Securities (MBS) bzw. mit Asset Backed Securities (ABS), mit denen andere Kreditforderungen, zum Beispiel aus Auto- oder Kreditkartenkrediten, verbrieft werden.

Vor allem das MBS-Geschäft hat in den USA eine lange Tradition. Auch das hängt wieder mit dem McFadden Act aus dem Jahr 1934 zusammen, der den Geschäftsbanken und Sparkassen Geschäfte über die Grenzen einzelner Bundesstaaten hinweg untersagte. Schon bald stellte sich nämlich damals heraus, dass in einigen Regionen des großen Landes mehr Vermögen gebildet als investiert wurde, in anderen Regionen wurde dagegen Geld für Investitionen benötigt, das dort nicht vorhanden war. Für den Wohnungsbau fand der Gesetzgeber einen Ausweg: Er gründete 1938 die Federal National Mortgage Association (FNMA oder Fannie Mae). Deren Aufgabe bestand darin, den Banken Hypothekenforderungen abzukaufen, diese zu bündeln und in MBS-Anleihen umgewandelt an Investoren weiterzuverkaufen. Der Staat übernahm hierbei anfangs eine Garantie für die Anleihen, was diesen die bestmögliche Bonität verlieh.

Auf diese Weise wurde sichergestellt, dass den Banken in allen Teilen der USA stets genügend Kapital zur Finanzierung des Wohnungsbaus zur Verfügung stand. Zugleich sorgte die staatliche Garantie für die MBS-Anleihen dafür, dass die Käufer der Anleihen sich mit einer Rendite zufriedengaben, die sich nur geringfügig von derjenigen klassischer US-Staatsanleihen unterschied. Das hatte – quasi rückwärts betrachtet – für die Kredit gewährenden Banken wiederum den Vorzug, dass sie sich zu günstigen Konditionen refinanzieren und Hypotheken zu niedrigen Zinssätzen gewähren konnten.

Heute gibt es drei derartige Agenturen, die MBS-Anleihen auflegen: Fannie Mae, die Federal Home Loan Mortgage Corporation (FHLMC oder Freddie Mac) und die kleinere Government National Mortgage Association (GNMA oder Ginnie Mae). Fannie Mae und Freddie Mac sind privatisiert und müssen schon seit Längerem auf die Garantie durch die US-Regierung verzichten. Das außerordentlich hohe Ansehen beider Institutionen an den Finanzmärkten sorgt jedoch dafür, dass sie ihre Aufgabe ohne Abstriche erfüllen können. Noch immer ist die einstige Garantie der US-Regierung für die Fannie-Mae-Anleihen so fest in den Köpfen von Geldanlegern und professionellen Investoren verankert, dass die Gesellschaften selbst und die Regierung in Washington in regelmäßigen Abständen betonen, dass es die staatlichen Garantien für die Anleihen nicht mehr gibt.

Auch ihr Geschäftsvolumen ist beeindruckend. Zusammengenommen machte der Umlauf der ausstehenden MBS-Anleihen von Fannie Mae und Freddie Mac und der selbst verwalteten Hypotheken zum Stand vom Ende März 2007 rund 4.500 Milliarden US-Dollar aus; das war nicht viel weniger als die Staatsschulden der USA in Höhe von 5.100 Milliarden Dollar. Deshalb, davon gehen die Finanzmärkte aus, wird keine US-Regierung es sich leisten können, die Institute bankrottgehen zu lassen, sollten sie einmal in ernsthafte Schwierigkeiten geraten. Daher der Glaube an eine Quasi-Garantie der US-Regierung für die Anleihen der beiden Agenturen.

Diese kaufen den Banken aber nicht jede Art von Hypotheken ab, sondern nur solche, die bestimmte Qualitätskriterien erfüllen *(conforming loans)*. Zum einen ist die Höhe der einzelnen Hypothek begrenzt auf derzeit maximal 417.000 US-Dollar für ein Einfamilienhaus. Darüber hinaus muss der Schuldner eine hohe Kreditwürdigkeit aufweisen; auch der Höhe des Kredits im Verhältnis zum Einkommen des Schuldners sind Grenzen gesetzt. Außerdem muss der Kreditnehmer in der Lage sein, beim Kauf seines Hauses eine Anzahlung von – in der Regel – 20 Prozent des Kaufpreises aus eigenen Mitteln zu leisten.

Dank dieser Qualitätskriterien sind die meisten Hypothekenschuldner in der Lage, die Kredite auch tatsächlich zu bedienen und Zins und Tilgung pünktlich zu bezahlen. Die Ausfallquoten der von Fannie Mae und Freddie Mac aufgekauften Einfamilienhaus-Hypotheken sind gering und lagen während der vergangenen zehn Jahre stets deutlich unter 1,0 Prozent, während sie am gesamten Markt der erstklassigen Hypotheken zwischen 2,0 und 3,0 Prozent schwankten.

Investopedia.com, eine Internet-Seite der Forbes Media Company, bezeichnet die MBS von Fannie Mae und Freddie Mac denn auch als „unentdeckte Juwelen“ an den Anleihemärkten. Sie gelten als außerordentlich sichere Anlagen, die ein regelmäßiges Zinseinkommen abwerfen, das ein bis zwei Prozentpunkte über der Rendite von US-Staatsanleihen liegt.

Die große Bedeutung der beiden halbstaatlichen Emittenten Fannie Mae und Freddie Mac am amerikanischen Anleihenmarkt sind naturgemäß ein Dorn im Auge der Investmentbanker der Wall Street. Ihre Anleihen genießen höchste Bonitätseinstufungen und setzen Standards für das große Segment der Anleihen, die nicht vom Staat ausgegeben werden. Für Investmentbanken, die selbst hypothekenbesicherte Anleihen emittieren, bleiben dafür im Grunde nur jene Hypotheken übrig, die von den beiden Agenturen nicht aufgekauft werden: so genannte Jumbo-Kredite, die den jährlich festgesetzten Maximalbetrag für die einzelne Hypothek überschreiten, und Kredite an Schuldner mit nicht ganz astreiner Bonität.

Das sorgte im Jahr 2000 regelrecht für Aufruhr an der Wall Street. Zu jener Zeit wiesen die Staatshaushalte schon seit mehreren Jahren Überschüsse aus, und wenn diese Überschüsse so weiter wachsen würden, so die Befürchtungen der Investmentbanken, würde die US-Regierung im Jahr 2013 schuldenfrei sein. Schuldenfrei – das bedeutet, es würde gar keine US-Staatsanleihen mehr geben. Fannie Mae würde dann als größter Anleihe-Emittent Standard und Maßstab für höchste Kreditwürdigkeit für den gesamten Dollar-Anleihemarkt setzen. Diese Aussicht nutzte die Wall Street – unterstützt von einer Reihe von Abgeordneten und Senatoren – zu einem aggressiven Angriff auf die Vorteile und Privilegien der beiden halbstaatlichen Agenturen.

Der amerikanische Staat schuldenfrei? Davon ist die US-Regierung heute weiter entfernt als je zuvor. So viel zur Qualität der Vorausschau hoch dotierter amerikanischer Investmentbanker.

Die Beschränkung auf die Refinanzierung von Hypotheken mit überwiegend nicht erstklassigen Schuldnern ärgert die Investmentbanken – und die Hypothekengeber selbst – aber auch weiterhin. Deshalb entwickeln sie Mittel und Wege, wie man auch Subprime-Kredite am Sekundärmarkt salonfähig machen könnte.

Zunächst adaptieren die Hypothekenbanken die Techniken des Credit-Scorings, einer standardisierten Kreditwürdigkeitsprüfung, für den Bereich des Hypothekenkredits. Solche Verfahren haben sich im Bereich der Autofinanzierungen bereits bewährt. Das Credit-Scoring ermöglicht den Kreditgebern, die Kreditwürdigkeit eines Kunden genauer einzuschätzen und die dafür angemessenen Zinssätze zu ermitteln.

Das allein aber, geht aus einer Studie der Federal Reserve Bank of Dallas[12] hervor, hätte das Wachstum der Kreditvergabe an nicht erstklassige Schuldner nicht auslösen können: „Die Banken haben gar nicht das notwendige Kapital,

12 *Danielle DiMartino, John V. Duca: The Rise and Fall of Subprime Mortgages, Federal Reserve Bank of Dallas, Economic Letters, 17. Februar 2008*

um große Volumina solch risikobehafteter Kredite in ihren Büchern zu behalten." Verkaufen ließen sich Hypotheken an Schuldner mit nicht erstklassiger Bonität aber zunächst auch nicht. Dafür ist deren Ausfallrisiko zu hoch. Daten der Mortgage Bankers Association zufolge lagen die Ausfallquoten von Subprime-Hypotheken von 1998 bis 2007 zwischen zehn und 14 Prozent – gegenüber zwei bis drei Prozent bei erstklassigen Hypotheken bzw. unter einem Prozent bei Hypotheken im Portfolio von Fannie Mae und Freddie Mac.

Aus der Sicht potenzieller Käufer von MBS sind es also die Risiken, die Prime-MBS und Subprime-MBS unterscheiden. Ins Gewicht fallen dabei aber nicht nur die höheren Kreditausfallrisiken von Subprime-Hypotheken im Vergleich zu erstklassigen Hypotheken. Einen ausführlichen Überblick, mit welchen Risiken wir es hier überhaupt zu tun haben, liefert Frank J. Fabozzi in seinem Buch „Bond Markets, Analysis and Strategies"[13].

Ausfallrisiko: Für konventionelle Festzinshypotheken ist das Ausfallrisiko noch überschaubar. Naheliegend ist, dass die Höhe des Einkommens des Schuldners im Verhältnis zu seinen Zahlungsverpflichtungen aus der Hypothek der wichtigste Faktor für die Kalkulation des Ausfallrisikos ist. Verschiedene Studien zeigen, dass auch die Höhe der Hypothek im Verhältnis zum Wert der Immobilie eine Rolle spielt: Je höher die Hypothek, umso größer ist die Ausfallwahrscheinlichkeit.

Zwangsverwertungsrisiko: Dies ist eine Besonderheit für die USA. Hier unterliegen Zwangsversteigerungen bundesstaatlichen Gesetzen. So sind in 23 Bundesstaaten (Stand:

13 *Frank J. Fabozzi: Bond Markets, Analysis and Strategies, Fourth Edition, Upper Saddle River, New Jersey 2000*

2000) nur gerichtliche Immobilien-Zwangsversteigerungen zugelassen. In den anderen Bundesstaaten sind auch außergerichtliche Zwangsverwertungen möglich. Bei gerichtlichen Zwangsverwertungsverfahren können höhere Kosten anfallen und sie können länger dauern als außergerichtliche Verfahren. Die längere Dauer solcher Verfahren findet ihren Niederschlag auch wieder in höheren Kosten, sei es wegen entgangener Gewinne aus der Reinvestition der Zwangsversteigerungserlöse, sei es wegen einer Wertminderung der Immobilie während der Dauer des Verfahrens. Die Höhe dieses Risikos hängt demnach unter anderem auch davon ab, in welchem Bundesstaat eine beliehene Immobilie liegt.

Vorfälligkeitsrisiko: In den USA ist es nicht selten, dass Hausbesitzer ihre Hypotheken vorzeitig ganz oder teilweise zurückzahlen. Das liegt unter anderem schon daran, dass Hypotheken üblicherweise Laufzeiten von 30 Jahren vorsehen, die mittlere Haltedauer von Wohnimmobilien aber viel kürzer ist. Wer umzieht, verkauft sein altes Eigenheim und kauft sich am neuen Standort ein neues. Dann wird die alte Hypothek vorzeitig zurückgezahlt. Das Gleiche geschieht, wenn eine Familie in ein größeres Haus umzieht oder häufig bei einer Ehescheidung. Aus diesem Grunde sind die meisten Hypotheken in den USA mit einem Recht für den Schuldner ausgestattet, die Hypothekenschuld ganz oder teilweise vorzeitig zurückzuzahlen. Dieses Recht wird auch gern genutzt, wenn der Hausbesitzer eine günstigere Finanzierungsmöglichkeit findet, zum Beispiel weil die Zinsen gesunken sind. Für den Inhaber einer Hypothekenforderung sind solche vorzeitigen Rückzahlungen vor allem bei gesunkenem Zinsniveau schmerzhaft. Zwar bekommt er dabei das ausgelegte Kapital in voller Höhe zurück, er erhält aber nicht mehr die hohen Zinsen wie vorher. Bei gesunkenem Zinsniveau kann er sein Kapital nur mit geringerer

Rendite wieder anlegen. Vorzeitige Rückzahlungen wegen gesunkenen Zinsniveaus sind auf Seiten des Hypothekengebers (bzw. -halters) stets mit einem Zinsverlust verknüpft.

Zinsänderungsrisiko: Dieses Risiko ist insbesondere am Sekundärmarkt für konventionelle Festzinshypotheken von Bedeutung, mithin beim Verkauf einer Hypothekenforderung bzw. bei deren Bewertung. Wie der Kurs einer langlaufenden Bundesanleihe steigt oder fällt der Marktwert einer Hypothekenforderung in umgekehrter Richtung wie der Marktzins. Eine ganz andere Bedeutung hat das Zinsänderungsrisiko für Hypotheken mit variablem Zins. Werden die Zinssätze einer solchen Hypothek angehoben, so können dadurch viele Hausbesitzer in ihrer Zahlungsfähigkeit überfordert werden – was sich in steigenden Ausfallquoten und/oder vorzeitigen Hypothekentilgungen niederschlagen kann. Sinkt dagegen das Zinsniveau, so werden die Schuldner von Festzinshypotheken vermehrt zinsgünstigere Darlehen aufnehmen und ihre alte Hypothek mit höherem Zinssatz vorzeitig zurückzahlen (Vorfälligkeitsrisiko).

Diese Darstellung der unterschiedlichen Risiken soll verdeutlichen, dass es ein außerordentlich schwieriges Unterfangen ist, das in einem Hypothekenportfolio, das verbrieft werden soll, enthaltene Gesamtrisiko einigermaßen realitätsnah zu kalkulieren. Erschwerend kommt schließlich hinzu, dass die Höhe der einzelnen Risiken sich im Zeitablauf verändert. Und Hypotheken sind nun einmal Verträge mit sehr langen Laufzeiten. Während dieser können fast unabsehbar viele Einflüsse auftreten, die einzelne Risiken – und das Gesamtrisiko – dramatisch steigern oder vermindern können.

So steigt das Ausfallrisiko naturgemäß in Zeiten wirtschaftlicher Rezession, weil dann viele Menschen ihren Arbeitsplatz verlieren – und damit womöglich ihre Fähigkeit, die Hypothekenschuld vertragsgemäß zu bedienen. Es verändert sich aber auch mit dem Auf und Ab der Immobilienkonjunktur. Zehn Jahre lang, von 1996 bis 2006, sind die Immobilienpreise immer nur gestiegen, und es gab in dieser Zeit viele „Experten", die eine nachhaltige Richtungsänderung der Immobilienpreisentwicklung für ausgeschlossen hielten. Seit 2007 sind die Preise dennoch stark eingebrochen. Damit hat sich für viele Hypotheken das Verhältnis von Restschuld zum Marktwert der Immobilie deutlich verschlechtert. Das gilt vor allem für Hypotheken, die erst kurze Zeit vorher abgeschlossen worden sind. Das bringt viele Hausbesitzer in unvorhergesehene Schwierigkeiten. Das Zwangsverwertungsrisiko kann durch Gesetzesänderungen steigen oder fallen. Das Vorfälligkeitsrisiko steigt in Zeiten sinkender Zinsen, weil dann mehr Hausbesitzer günstigere Finanzierungsmöglichkeiten nutzen. Mit dem Blick auf die in der Regel 30-jährige Laufzeit von Hypotheken kann das Vorfälligkeitsrisiko beispielsweise aber auch zunehmen, wenn während der langen Laufzeit die Ehescheidungsrate signifikant steigt. Mehr Ehescheidungen bedeuten schließlich, dass mehr Hausbesitzer nach der Trennung das zuvor gemeinsam genutzte Haus verkaufen und die Hypothek vorzeitig zurückzahlen. Das Zinsänderungsrisiko schließlich ist den nur schwer absehbaren Konjunkturlaunen und der Richtung der Inflationsentwicklung unterworfen.

Die langjährigen Erfahrungen von Hypothekenfinanzierern wie Fannie Mae und Freddie Mac haben gezeigt, dass die Risiken konventioneller Festzinshypotheken mit erstklassigen Schuldnern durchaus beherrschbar sind. Die Garantien beider Agenturen gegenüber den Käufern von MBS-Anleihen sind deshalb verantwortbar und eine wesentliche Grundlage für einen großen, gut funktionierenden Handel mit diesen Wertpapieren. Allerdings dürfte kaum jemand bestreiten, dass beide Agenturen unter extremen wirtschaftlichen Bedingungen auch einmal in arge Schwierigkeiten geraten könnten. Das ist jedoch bislang nicht geschehen.

Bei Subprime-Hypotheken ist die Lage vollkommen anders, denn deren Schuldner sind für allfällige Veränderungen ihrer wirtschaftlichen Lebensbedingungen viel anfälliger. Doch Menschen sind erfinderisch, vor allem wenn Gewinne locken. Trotz aller Unwägbarkeiten haben die Investmentbanken der Wall Street sich in das Abenteuer gestürzt, die Risiken von Subprime-Hypotheken zu kalkulieren und beherrschbar zu machen. Denn genau das ist, wie wir gesehen haben, die Grundvoraussetzung für einen funktionierenden Sekundärmarkt für Subprime-Hypotheken. Und genau das ist es, was die Institute anstrebten: Banken, die in großem Stil Verbraucherkreditinstitute aufgekauft hatten, wollten in größerem Umfang als bislang teilhaben an dem lukrativen Geschäft mit Hypotheken, auch wenn sie dabei Schuldner akzeptieren müssten, deren Kreditanträge sie als noble Geschäftsbanken bisher abgelehnt hatten. Die Investmentbanken wollten teil-haben an dem großen Sekundärmarkt für Hypotheken und an der Dienstleistung der Umwandlung von Krediten in Wertpapiere kräftig mitverdienen.

Genau das gelang ihnen auch. Im Jahr 1994 summierten sich die ausgelegten Subprime-Hypotheken erst auf 35 Milliarden Dollar. Bis 2005 wuchs die Summe auf 625 Milliarden Dollar. Für 2006 bezifferte die „New York Times" den Anteil der Wall Street am gesamten Markt der Hypothekenfinanzierung auf 60 Prozent.(14) Jetzt kauften Investmentbanken den Banken und Sparkassen die herausgelegten Subprime-Hypotheken ab. Sie fassten sie zu Paketen von Tausenden von Krediten zusammen und verkauften sie in Form von MBS-Anlei-

14 *Crisis Looms in Markets for Mortgages, New York Times, 11. März 2007*

hen. „Das Risiko der Hypotheken kümmerte die Investoren nicht“, hieß es an gleicher Stelle.

Dieses Risiko müsste sich eigentlich im Marktwert einer Hypothekenforderung niederschlagen. Wie andere Forderungen auch werden Hypothekenforderungen mit der Summe der künftigen, diskontierten Zahlungsströme bewertet. Eine Forderung von 100 Euro, die exakt in einem Jahr fällig ist, wird mit einem Zinssatz von beispielsweise sieben Prozent diskontiert. Nach der Formel 100 / 1,07 ist sie heute 93,46 Euro wert. Bei der Bewertung einer Hypothekenforderung geht man genauso vor: Alle zukünftig zu erwartenden Zahlungen des Schuldners werden auf den heutigen Tag abdiskontiert. So erhält man den aktuellen Wert. Bestehen Risiken, dass der Schuldner die Hypothek irgendwann verspätet oder gar nicht mehr bedient, so mindert dies den Wert der Hypothek. Besteht das Risiko, dass der Schuldner die Hypothek ganz oder teilweise vorzeitig zurückzahlt, verändert dies den aktuellen Wert ebenfalls. Da wir aber nicht wissen, ob und wenn ja, wann ein solches Ereignis eintritt, müssen wir Annahmen darüber treffen. Nur mit Hilfe solcher Annahmen lässt sich der Einfluss möglicher Abweichungen von den vertragsgemäßen Zahlungen kalkulieren.

MBS-Anleihen spiegeln die Zahlungsströme der Hypotheken wider, mit denen sie unterlegt sind. Ist eine solche Anleihe mit einem Paket von beispielsweise 1.000 konventionellen Hypotheken unterlegt, die alle noch eine Restlaufzeit von genau 30 Jahren haben, so steht damit noch lange nicht fest, dass der Käufer aus dieser Anleihe 30 Jahre lang Einnahmen bezieht. Auch die Höhe der Einnahmen steht nicht fest. Fest steht nur, dass die Schuldner für ihre Hypotheken 30 Jahre lang Zinsen zahlen und sie sukzessive tilgen *sollen*. Ob sie das auch tun, steht zum Zeitpunkt der Emission der Anleihe in den Sternen. Eine Gruppe von Schuldnern gerät zeitweise mit den Zahlungen in Verzug, eine andere Gruppe bedient die Hypothek irgendwann überhaupt nicht mehr. Es kommt zu Zwangsversteigerungen ihrer Häuser, deren Erlöse höher oder niedriger als die Höhe der Restschuld sein können. Wieder eine andere Gruppe von Schuldnern zahlt ihre Hypotheken ganz oder teilweise vorzeitig zurück. Das alles verändert die Zahlungsströme, die die Grundlage für die Bewertung einer solchen Anleihe bilden.

Trotzdem finden die Investmentbanken der Wall Street Mittel und Wege, um Subprime-Hypotheken-Anleihen für einen breiten Markt aufzubereiten. Zunächst haben sie sich eine Reihe von Absicherungsmechanismen gegen allfällige Risiken einfallen lassen. So kann ein Hypotheken-Paket gegen Verluste aus Kreditausfällen und Zwangsverwertungen versichert werden. Eine andere Absicherungsvariante sieht eine Überkapitalisierung des Hypothekenpools vor, der einer MBS-Anleihe zugrunde liegt. Beträgt das Emissionsvolumen einer MBS-Anleihe beispielsweise 300 Millionen Dollar, so wird diese Anleihe mit Hypotheken im Wert von 305 Millionen Dollar unterlegt. Die Zahlungseingänge aus dem zusätzlichen Kreditvolumen von fünf Millionen Dollar fließen in einen Reservefonds, aus dem Kreditausfälle kompensiert werden sollen.

Eine andere Variante der Risikoeingrenzung bzw. -streuung macht die – ohnehin schon komplexen – MBS-Papiere noch komplizierter und noch schwerer durchschaubar. Stellen wir uns einen Hedge Fonds oder eine von einer Bank extra für diesen Zweck gegründete Gesellschaft (sog. *conduits*) vor. Diese will in MBS investieren, besitzt dafür aber gar nicht das Kapital. Das besorgt sie sich durch Ausgabe so genannter Collateralized Debt Obligations (CDO). Das sind – in der Regel kurzfristige – Schuldverschreibungen – oder anders ausgedrückt: Kredite. Der Reiz für den Hedge Fonds oder die Conduit für eine solche Finanzierung besteht darin, dass für kurzfristige CDO geringere Zinsen zu bezahlen sind, als die Gesellschaft aus der Anlage in langlaufende MBS erhält. An den Zahlungsströmen aus den Kreditpaketen, mit denen die angekauften MBS unterlegt sind, werden auch die Käufer der CDO beteiligt. Häufig werden dabei CDO mit unterschiedlichen Tranchen an den Markt gebracht. Die unterschiedlichen Tranchen werden dabei auf unterschiedliche Weise an den Zahlungsströmen aus den zugrunde liegenden Hypotheken beteiligt und tragen demnach auch unterschiedliche Teile des Risikos. Das kann bei einer CDO mit zwei Tranchen beispielsweise in der Weise geschehen, dass die Inhaber der Tranche A neben den vereinbarten Zinsen sämtliche Tilgungszahlungen (regelmäßige und vorzeitige) der Schuldner erhalten. Die Inhaber der Tranche B bekommen derweil nur den festgelegten Zins. In einer solchen Konstruktion können die Inhaber der Tranche A trotz der Ausfallrisiken ziemlich sicher sein, ihr Kapital tatsächlich in voller Höhe zurückzubekommen. Die Inhaber der Tranche B können dessen nicht so sicher sein, dafür erhalten sie aber auch einen deutlich höheren Zins.

Bei allen derartigen Maßnahmen zur Aufbereitung von Hypotheken-Pools für den Wertpapiermarkt sind die großen Rating-Agenturen mit im Spiel. Sie sind es letztlich, die den MBS-Wertpapieren mit ihrer Bonitäts-Einstufung ihren Stempel aufdrücken. Gemeinsam basteln MBS-Emittenten und Rating-Agenturen so lange an Mechanismen der Risiko-Absicherung und -streuung herum, bis wenigstens eine Tranche das begehrte „Triple-A-Prädikat" für das beste Kredit-Rating erhält. In solche Wertpapiere können alle institutionellen Anleger der Welt guten Gewissens Geld investieren.

Und die Welt kauft diese Wertpapiere. Das wissen wir auch in Deutschland spätestens seit dem 29. Juli 2007, als die Kreditanstalt für Wiederaufbau (KfW) auf Druck der Bankenaufsicht in einer dramatischen Rettungsaktion die IKB Deutsche Industriebank vor dem Zusammenbruch bewahrte. Gewaltige Ströme von Kapital aus aller Welt fachen den amerikanischen Immobilienboom immer weiter an. Erst waren es nur die MBS von Fannie Mae und Freddie Mac, die in den Wertpapier-Portfolios von Investmentfonds und Banken, Versicherungen und Pensionsfonds landen. Später kommen auch Emissionen privater Investmentbanken hinzu, die immer häufiger nur mit Subprime-Hypotheken unterlegt sind. Und warum soll man diese auch nicht erwerben, wenn doch die Rating-Agenturen auch diesen Papieren gute Bonitäts-Zeugnisse ausstellen. Daneben gibt es genügend risikobereite Zocker und Spekulanten, die sich auch die weniger gut benoteten Tranchen – gegen höhere Verzinsung – in ihre Depots legen.

Die Dichter der in den Boomjahren überall zu hörenden Loblieder auf diese neuen Finanzierungs- bzw. Anlageinstrumente gingen allerdings großzügig darüber hinweg, dass sich hier eine sich selbst beschleunigende Spirale in Gang gesetzt hat, die zu aggressiverer Kreditvergabe führt, die wiederum die Hauspreise steigen lässt, was zu noch aggressiverem Kredit-Marketing und zu noch schneller steigenden Immobilienpreisen führt.

Doch alle hoch entwickelten Simulationsmodelle und alle Supercomputer können eines nicht: Sie können nicht die mächtige Kraft menschlicher Emotionen zu hübschen Formeln und Grafiken destillieren. Viele Investoren, die mit ihrem Geld Immobilienkäufe auf der anderen Seite des Globus finanzierten und dabei von guten Rating-Benotungen der Wertpapiere eingelullt worden sind, unterschätzten, dass die angeblich so effizienten Märkte bei der Bewertung der Risiken von US-Hypotheken, insbesondere von Subprime-Hypotheken, einem Irrtum unterliegen könnten. Nachprüfen konnten sie das kaum. Dazu mangelt es dem Käufer von MBS- oder ABS-Anleihen an Informationen. Er weiß nicht, unter welchen Umständen die ursprünglichen Kredite zustande gekommen sind, kennt nicht die Schuldner und kann deshalb aus eigener Kenntnis die tatsächlichen Risiken gar nicht bewerten.

Außerdem haben die Investoren die Gefahren einer herdenhaften Fluchtbewegung unterschätzt, die an den Finanzmärkten immer dann mit besonderer Heftigkeit einsetzt, wenn stark übertriebene Erwartungen enttäuscht werden.

Hätte das Modell der Mortgage Backed Securities im Subprime-Sektor trotzdem funktionieren können? Denken wir uns in diesen Markt vom Ende her ein: Am Ende steht ein Investor, der mit einer Subprime-MBS-Anleihe eine höhere Rendite erzielen möchte als mit einer US-Staatsanleihe, die nach wie vor Standard und Maßstab für eine sichere Anlage darstellt. Wenn die MBS-Anleihen von Fannie Mae und Freddie Mac schon Renditen abwerfen, die ein bis zwei Prozentpunkte über derjenigen von US-Staatsanleihen liegen, wie hoch müsste dann wohl die Rendite von Subprime-MBS liegen, wenn sie eine angemessene Prämie enthalten soll für die wesentlich höheren Risiken bei Subprime-Hypotheken? Diese Prämie hätte so hoch sein müssen, stellen DiMartino/Duca in der bereits erwähnten Studie der Federal Reserve Bank of Dallas fest, dass sie die Zinssätze von Non-Prime-Hypotheken auf Höhen katapultiert hätte, die die anvisierten Käufergruppen keinesfalls hätten aufbringen können.

Mit anderen Worten: Ohne die Tricks der Finanzingenieure der Wall Street und ohne die Leichtgläubigkeit der Investoren hätten sich Subprime-Hypotheken gar nicht refinanzieren lassen, der Preisanstieg am US-Häusermarkt wäre erheblich milder ausgefallen und Bear Stearns und die IKB Deutsche Industriebank wären heute noch angesehene Banken.

Von der Immobilienkrise zur Wirtschaftskrise

Im November 2006 schien die amerikanische Wirtschaftswelt noch in bester Verfassung zu sein. „Vieles läuft richtig in der Wirtschaft“, hieß es in der „New York Times“. Die Unternehmen schwimmen im Geld, die Aktienkurse steigen, die Weltwirtschaft brummt nur so. Der Ölpreis ist gefallen, ebenso die Erzeuger- und die Verbraucherpreise. Nur am Immobilienmarkt entdeckten die Konjunkturexperten der angesehensten Zeitung der USA Risiken. Von September auf Oktober 2006 sei die Zahl der Einfamilienhaus- und Apartment-Neubauten um 14,6 Prozent auf den niedrigsten Stand seit sechs Jahren gefallen, hieß es in der „Times“. Doch das, meinten die Autoren, müsse man nicht überbewerten: „Gemischte Signale von den Finanzmärkten und unterschiedliche Expertenmeinungen mögen zwar beunruhigend erscheinen, stehen aber nicht im Widerspruch zu der Aussicht auf eine ausgedehnte Strecke wachsenden Wohlstands.“

Knapp vier Wochen später, am 19. Dezember, veröffentlichte das Center for Responsible Lending eine Studie, der zufolge mehr als zwei Millionen Hausbesitzer mit zweifelhafter Bonität in den kommenden Jahren ihr Haus und bei Zwangsversteigerungen bis zu 164 Milliarden Dollar verlieren könnten. Jede fünfte Subprime-Hypothek, die in den Jahren 2005 und 2006 aufgenommen wurde, sei betroffen. Zu den wichtigsten Faktoren, die zu Kreditausfällen führen würden, zählten die Autoren der Studie „Hypotheken mit variablem Zins mit eingebautem, starkem Anstieg von Zinsen und Zahlungsverpflichtungen, Vorfälligkeitsentschädigungen, eingeschränkte Einkommensdokumentation“ bei der Kreditvergabe und „mangelnde Rücklagen für Steuern und Versicherungen“.

Bei seiner „State of the Union“-Ansprache vor dem Kongress im Januar 2007 zeichnete Präsident George W. Bush das Bild einer gesunden und wachsenden Wirtschaft: „Wir befinden uns im 41. Monat ununterbrochener Zunahme von Arbeitsplätzen... Die Arbeitslosigkeit ist gering, die Inflation niedrig, die Löhne steigen.“ Auch in der Präsidenten-Rede zur Lage der Wirtschaft am 31. Januar 2007 kamen Worte wie *housing, mortgage* oder gar „Krise“ nicht vor.

Eine Woche später, am 7. Februar, gab HSBC seine Gewinnwarnung heraus, der zufolge die Rückstellungen für faule Subprime-Kredite in der Bilanz für 2006 nicht – wie von Analysten erwartet – nur 8,8 Milliarden Dollar, sondern eher 10,6 Milliarden Dollar ausmachen würden. Am gleichen Tag gab der Subprime-Kreditgeber New Century Financial bekannt, dass er für das vierte Quartal 2006 einen Verlust erwartet. Außerdem würde das Unternehmen die Ergebnisse der ersten drei Quartale überprüfen, weil es darin Fehler entdeckt habe. Diese Meldung schaffte es in der US-Presse allerdings zumeist nur bis in die Börsenberichte. Dabei ist New Century Financial durchaus kein kleiner Fisch im großen Hypothekenmarkt. Allein während der ersten neun Monate 2006 vergab das Unternehmen Kredite im Volumen von 39,4 Milliarden Dollar.

Doch nun wurde die Öffentlichkeit aufmerksam. Im Februar berichteten Zeitungen in den USA darüber, dass immer mehr Hypothekenkreditinstitute unter zunehmenden Kreditausfällen leiden. Am 17. Februar hieß es in der „Washington Post“ über die sich verschlechternde Lage am Subprime-Markt: „Dutzende kleiner Subprime-Kreditgeber haben ihr Geschäft eingestellt oder stark eingeschränkt.“ In dem Artikel wurde Angelo Mozilo, Chef von Countrywide Financial, mit den Worten zitiert: „Landesweit gehen ungefähr 40 bis 50 [Suprime-Kreditgeber] pro Tag in der einen oder anderen Weise unter. Und ich erwarte, dass das während des ganzen Jahres so weitergeht."

Am 27. Februar erreichte die Krise die Börsen. Als Erstes verlor der Composite-Index der Börse in Shanghai an diesem Tag neun Prozent seines Wertes. In Europa gaben der Deutsche Aktienindex (DAX) und der Europa-Index EuroStoxx 50 an diesem Tag knapp drei Prozent nach. Die „Süddeutsche Zeitung" kommentierte den Einbruch mit dem Zitat eines nicht näher genannten Händlers: „Die Investoren sind verunsichert und fürchten, in China könnte eine Blase platzen." Außerdem habe Ex-Notenbankpräsident Alan Greenspan bei einem Vortrag in Hongkong vor einer US-Rezession gewarnt. Doch letztlich war das nur ein Stochern im Nebel. Ehrlicherweise gaben die Börsenkommentatoren zu: „Warum es ausgerechnet am Dienstag dazu kam, blieb ein Rätsel."

So ähnlich ging es auch den Kollegen von der „New York Times": „Es war nicht klar, was die Verkaufswelle ausgelöst hat", hieß es in der Zeitung, die den Chefökonomen des Finanzdienstleisters PNC Financial mit den Worten zitiert: „Es war einer dieser Tage, an denen irgendjemand mit dem Finger schnippt, und der Markt verliert seine hypnotische Trance."

Princeton-Ökonom Paul Krugman schrieb ein paar Tage später in seiner regelmäßig erscheinenden (später aber anscheinend überarbeiteten) Kolumne in der „New York Times" unter der Überschrift „The Big Meltdown": „Am Anfang wurden für den Einbruch der US-Aktienkurse alle möglichen und wenig plausiblen Erklärungen angeboten ... In Wahrheit sind die Bemühungen, den Kursrückgang an einer bestimmten Nachricht festzumachen, reine Zeitverschwendung." Kluge Analysten sollten sich an die klassische Studie von Yale-Professor Robert Shiller über den Aktiencrash vom 19. Oktober 1987 erinnern. Seine Schlussfolgerung war: „Keine Nachricht und kein Gerücht, das am 19. Oktober oder am vorangegangenen Wochenende erschienen war", habe den Kurssturz ausgelöst.

Die „Financial Times" dagegen brachte in ihrem Börsenkommentar am 28. Februar die Ursache des plötzlichen Kurseinbruchs vom Vortag tatsächlich auf den Punkt: „Die Investoren sind nervös wegen des Effekts, den zunehmende Ausfälle bei Subprime-Hypotheken auf das lukrative Geschäft der Verbriefung solcher Kredite auf die Banken der Wall Street haben werden."

Jetzt kamen die Hiobsbotschaften aus der Kreditbranche in kürzeren Abständen. Am 9. März gab New Century Financial bekannt, keine neuen Kreditanträge mehr zu akzeptieren, weil etliche seiner Refinanzierungsinstitute dem Unternehmen die Kreditlinien zusammengestrichen hätten. Ein anderer großer Subprime-Kreditgeber, Fremont General, erklärte, sich nach Rücksprache mit der Bankenaufsicht ganz aus dem Hypothekengeschäft zurückzuziehen.

In diesen Tagen gelangte Kal Elsayed zu einiger Berühmtheit. Nach einem Gespräch mit Journalisten diente er quasi als Galionsfigur der Kreditbranche. Der 42-jährige Fahrer eines roten Ferrari Cabriolet sagte rundheraus: „Wir haben so viel Geld verdient, man kann es kaum glauben. Und man musste gar nichts tun. Man musste nur im Büro erscheinen." Neun Jahre lang hatte Elsayed für New Century gearbeitet, bevor er sich als Hypothekenmakler selbstständig machte. Er räumte ein, dass sein Ferrari für seine Kreditgeschäfte mit kleinen Leuten mit geringem Einkommen ein wenig protzig daherkommt. Doch der Sportwagen, sagte der beinahe jugendlich wirkende Broker, sei noch gar nichts im Vergleich zu den Privatjets von Managern anderer Firmen.

Für diejenigen, die rechtzeitig aus dem Geschäft ausgestiegen sind, war der Boom besonders lukrativ. Die drei Gründer von New Century beispielsweise sollen durch den Verkauf von Aktien des Unternehmens in den Jahren 2004 bis 2006 mehr als 40 Millionen Dollar Gewinn eingestrichen haben. Obendrein kassierten sie Millionen in Form von Gehältern, Dividenden, Boni und anderen Nebeneinkünften. Robert K. Cole, einer der Mitbegründer von New Century, soll in einer mehr als 600 Quadratmeter großen Villa am Strand von Laguna Beach südlich von Los Angeles wohnen, deren Wert auf mehrere zehn Millionen Dollar geschätzt wird. Coles Kollege Edward F. Gottschall spendete drei Millionen Dollar für ein Trauma-Center, das nach ihm und seiner Frau benannt worden ist.

Die Mitbegründer von New Century waren keineswegs die Einzigen, die prächtig am Kreditgeschäft mit kleinen Leuten verdient haben. Angelo R. Mozilo, Chef von Countrywide Financial, der größten bis dahin noch unabhängigen Hypothekenbank, soll zwischen 2004 und Anfang 2007 aus Aktienverkäufen und der Ausübung von Aktienoptionen mehr als 270 Millionen Dollar Gewinn erzielt haben.

Doch die Zeiten änderten sich nun schnell für die vom Erfolg Verwöhnten. Bei New Century nahmen im März 2007 Bundesbehörden Ermittlungen auf. Andere, wie Ownit Mortgage, gingen bankrott, weil die Banken der Wall Street jetzt nicht mehr bereit waren, weitere Milliarden für neue Kredite zur Verfügung zu stellen. Von den im Jahr zuvor ausgelegten Krediten waren bis März 2007 schon allzu viele geplatzt, weil die Schuldner mit mehr als einer Rate in Rückstand geraten waren.

Aus ihren Krediten kamen die klammen Schuldner nun kaum mehr heraus. Zum einen stiegen die Hauspreise nicht mehr, sodass ein schneller Gewinn durch einen Hausverkauf in weite Ferne gerückt war. Im März 2007 lag der Hauspreisindex für die gesamten USA bereits rund drei Prozent unter seinem Höchststand vom Juni 2006. Eine Umfinanzierung zu einer zinsgünstigeren Hypothek kam für viele Schuldner auch nicht in Frage, weil sie durch eine – in den USA sonst unübliche – Vorfälligkeitsentschädigungs-Klausel im Kreditvertrag gebunden sind.

Auch zahlungskräftigere Hausbesitzer waren jetzt betroffen. Da viele der großen Subprime-Kreditgeber schon verschwunden und andere vorsichtiger bei der Kreditvergabe geworden waren, mangelte es bereits am Käufernachschub. Junge Angestellte mit gutem Einkommen, die zwei oder drei Jahre zuvor ein erstes Haus gekauft und geplant hatten, es nun mit Gewinn zu verkaufen, um in ein größeres Anwesen zu ziehen, mussten ihre Pläne aufgeben. Sie fanden keine Käufer mehr – jedenfalls nicht zu dem erhofften Preis. Denn auch Käufer mit erstklassiger Bonität hatten jetzt schon größere Schwierigkeiten, noch eine Hypothek zu bekommen.

Im März 2007 lag die Zahl der Zwangsversteigerungen von Häusern bereits 47 Prozent über dem Vorjahresniveau. Die Investmentbank Lehman Brothers berichtete, aus faulen Hypothekenkrediten hätten sich bis zu diesem Zeitpunkt bereits Verluste im Volumen von 19 Milliarden Dollar in hypothekenbesicherten Wertpapieren angesammelt. Die Eigentümer dieser Wertpapiere wüssten aber noch gar nichts davon, weil sie nicht wissen, aus welchen Krediten die Kreditberge zusammengesetzt sind, auf denen sie sitzen. Auch die Analysten von Lehman Brothers kannten die wirklichen Verluste nicht so genau. Es waren nur Schätzungen.

Im April ging die Hypothekenbank New Century Financial in Konkurs. Dennoch schienen die Börsianer von alledem ziemlich unbeeindruckt. Anfang Juni kletterte der Dow-Jones-Index auf 13.676 Punkte – ein neuer historischer Höchststand. Auch der DAX brach alle Rekorde und stieg am 20. Juni bis auf 8.131 Punkte – ebenfalls ein neuer historischer Höchststand.

Ganz anders ging es am Anleihemarkt zu. Ab Mitte Mai fielen die Kurse bzw. stiegen die Renditen festverzinslicher Wertpapiere. Bei hypothekenbesicherten Anleihen machten sich die steigenden Ausfälle von Subprime-Krediten zusätzlich bemerkbar: Ihre Kurse sanken noch schneller als die der Staatsanleihen. Der *Spread* (zu deutsch: Zinsdifferenz) zwischen Anleihen erstklassiger Bonität und Anleihen, die mit höheren Risiken behaftet sind, wuchs dramatisch an. Ein sicheres Zeichen dafür, dass Anleger und Investoren aus riskanteren Papieren flüchteten und lieber mit US-Staatsanleihen auf Nummer Sicher gingen.

Hedge Fonds, die in MBS investiert hatten, meldeten hohe Verluste. Anleger forderten ihre Einlagen zurück. Jetzt wurden auch die Kreditgeber dieser Fonds nervös. Denn die Hedge Fonds hatten nicht etwa nur eigenes Geld in die Hypothekenanleihen investiert, sondern deren Kauf mit kurzfristigen Krediten finanziert. Solche Zinsdifferenzgeschäfte, erklärte später Mervyn King, Gouverneur der Bank von England, gehören eigentlich zu den Aufgaben von Banken.[15] Mitte Juni zog Merrill Lynch bei zwei Hedge Fonds der Investmentbank Bear Stearns die Reißleine und sicherte sich Vermögensteile – Anleihen, die durch erstklassige Hypotheken besichert sind – dieser Fonds. Nun versuchten die beiden Fonds, der „High Grade Structured Credit Strategies Enhanced Leverage Fund“ und „High Grade Structured Credit Strategies Fund“, sich anderweitig Geld zu besorgen, um die Kredite bei Merrill Lynch abzulösen.

Doch das misslang. Die Subprime-MBS aus ihrem Portfolio lassen sich nicht mehr zu einem angemessenen Preis verkaufen. Am 21. Juni meldete die „Financial Times“ den

15 *Turmoil in Financial Markets: What can Central Banks do? Paper submitted to the Treasury Committee, Mervyn King, Governor of the Bank of England, 12. September 2007*

Notverkauf von hypothekenbesicherten Wertpapieren im Volumen von einer Milliarde Dollar, die die Kreditgeber der beiden angeschlagenen Bear Stearns Hedge Fonds bei diesen gepfändet hatten. Solche Notverkäufe in angespannten Märkten können die Preise gleichartiger Wertpapiere dramatisch in die Tiefe ziehen.

Am 22. Juni, zwei Tage nach dem Rekordstand des DAX, gestand Bear Stearns ein, einen der angeschlagenen Fonds nur mit einem Kredit von 3,2 Millionen vor dem Zusammenbruch bewahren zu können. Es war dies die größte Rettungsaktion an der Wall Street seit dem Zusammenbruch des Hedge Fonds „Long-Term Capital Management“ im Jahr 1998. Damals hatte sogar die US-Notenbank eingegriffen und gemeinsam mit einer Gruppe großer Banken die Rettung des Fonds organisiert. Notenbankchef Alan Greenspan musste sogar den US-Leitzins senken, um den Finanzmärkten die Finanzierung des Rettungspakets zu erleichtern.

Von nun an nahmen die Dinge ihren Lauf. Bei den Besitzern von Mortgage Backed Securities reifte die Erkenntnis, dass viele ihrer Anlagen wesentlich größere Risiken enthielten, als sie gedacht hatten. Plötzlich wollte niemand mehr MBS halten, die mit Subprime-Hypotheken unterlegt waren. Abkaufen wollte ihnen aber auch niemand mehr diese Papiere.

Dies traf Hedge Fonds ebenso wie Pensionsfonds, Geschäftsbanken ebenso wie Investmentbanken. Erträge aus festverzinslichen Wertpapieren haben im Laufe der Jahre einen immer größeren Anteil an den Einnahmen und Gewinnen der Wall-Street-Banken ausgemacht, hieß es in der „New York Times“. Gerade dieser Umstand erschien im Licht der sich entwickelnden Krise wie ein Treppenwitz der Geschichte: Erst haben sich Geschäfts- und Investmentbanken in großem Stil in die Hypothekenbranche mit der Absicht eingekauft, die Immobilienkredite – und mit ihnen die damit verbundenen Risiken – an Dritte zu verkaufen; und dann tauchen diese Risiken in Gestalt von Investments in hochverzinslichen MBS oder in Form von CDO, mit deren Ausgabe Hedge Fonds oder Conduits den Kauf von MBS finanziert haben, doch wieder in ihren Bilanzen auf? Dümmer geht's doch wohl nicht, oder?

Timothy Geithner kommt prinzipiell zu dem gleichen Ergebnis, wenngleich der Präsident der Federal Reserve Bank of New York dafür gesetztere Worte findet: „Banken und andere Finanzinstitutionen liehen erhebliche Mengen Geld unter der Annahme aus, dass sie in der Lage sein würden, die damit verbundenen Risiken mit Leichtigkeit an liquiden Märkten breit streuen zu können", sagte Geithner anlässlich der Council on Foreign Relations Corporate Conference Anfang März 2008 in New York. „Am Ende aber fand sich ein großer Teil langfristiger Vermögenswerte mit Anfälligkeiten gegenüber unterschiedlichen Arten von Kreditrisiken in Gesellschaften mit sehr kurzfristiger Finanzierung, oder sie wurden bei Investoren und Fonds platziert, die ebenfalls Liquiditätsrisiken ausgesetzt sind. Und wie so oft in Perioden raschen Wandels stellte sich heraus, dass es eine wesentlich größere Risikokonzentration gab, als es zuvor den Anschein hatte."[16]

Mit anderen Worten: Risiken, die Banken und Investmentbanken breit zu streuen dachten, landeten am Ende – wenngleich oft in anderer Gestalt – doch wieder bei eben denselben Institutionen.

In den Wochen nach der Rettungsaktion für die Hedge Fonds von Bear Stearns trocknete der Markt für Subprime-MBS vollkommen aus. Es gab keine Marktpreise mehr für diese Papiere. Niemand wusste, wie diese in der nächsten Quartalsbilanz bewertet werden sollen. Auch wusste zu dieser Zeit niemand, wie groß die Kreditausfälle im eigenen MBS-Port-

16 *Timothy Geithner: The Current Financial Challenges: Policy and Regulatory Implications. Remarks at the Council on Foreign Relations Corporate Conference 2008, 6. März 2008*

folio waren. Und wenn die Bilanzexperten noch nicht einmal wissen, wie sie die eigenen Portfolios bewerten sollen, schwindet auch das Vertrauen in die jeweilige Lage anderer Banken.

Damit entwickelte sich eine höchst gefährliche Gemengelage: Immer mehr Banken zogen sich vom Interbankenmarkt für kurzfristige Ausleihungen zurück. Das reibungslose Funktionieren dieses Interbankenmarktes aber ist unverzichtbar für die Liquidität der Finanzmärkte.

Jede Bank hat tagtäglich Zahlungseingänge und -ausgänge in vorher kaum absehbarer Höhe. Da kann es leicht zu kurzfristigen Engpässen kommen. Diese überbrücken die Banken, indem sie sich gegenseitig über Nacht oder auch für eine Woche oder einen Monat Geld ausleihen. Sind solche kurzfristigen Gelder am Interbankenmarkt nicht zu haben, bleibt nur die Notenbank als letzte Instanz.

Doch ehe es so weit kam, vergingen noch viele Wochen. Es ist dies das Eigentümliche der Entwicklung dieser Krise, dass alles wie im Zeitlupentempo abzulaufen schien. Amerikanische Zeitungen waren zwar voll von Berichten, Analysen und Kommentaren über die Immobilienkrise, weil diese Millionen von Amerikanern betraf. Doch immer noch „glauben die Leute, dass der Wert ihres Hauses weiter steigen wird", wurde Mark Zandi, Chefökonom von Economy.com, dem Forschungsinstitut der Rating-Agentur Moody's, am 1. Juli 2007 in der „New York Times" zitiert. Wenn sie ihr Haus beleihen, so die immer noch verbreitete Überzeugung, werde das aus dem in der Immobilie gebundenen Vermögen entnommene Geld durch die Wertsteigerung ganz schnell wiederkommen. Dabei zeigte der Hauspreisindex im landesweiten Durchschnitt nun schon um rund 4,5 Prozent unter Vorjahresniveau gesunkene Häuserpreise an. Die Illusion steigender Vermögenswerte verschleierte deren Erosion.

Derweil machten sich Moody's, Standard & Poor's und Fitch, die drei großen Rating-Agenturen des Landes, daran, die Qualität der von ihnen selbst begutachteten MBS noch einmal unter die Lupe zu nehmen. Dabei ging es allerdings „nur" um MBS im Volumen von 1.200 Milliarden Dollar, die mit Subprime-Hypotheken aus den Jahren 2005 und 2006 unterlegt waren. Vor allem bei diesen noch jungen Krediten waren schon erhebliche Ausfälle zu beklagen. Wenn die Rating-Agenturen nun MBS, die mit diesen Krediten unterlegt waren, in ihrem Bonitäts-Rating herabsetzten, so reagierten sie allerdings nur auf Verluste, die bereits eingetreten waren. Damit sollten keine künftigen Verluste angedeutet werden.

Dennoch hielt sich die Beunruhigung an den Aktienmärkten in Grenzen. Am 12. Juli machte der Dow-Jones-Index einen kräftigen Satz nach oben und ein paar Tage später übersprang der wichtigste US-Aktienindex zum ersten Mal in seiner Geschichte die Schwelle von 14.000 Punkten. Der größte Einzelhändler des Landes, Wal-Mart Stores, hatte zuvor überraschend gute Umsatzzahlen für das zweite Quartal bekannt gegeben. „Einen guten Markt kann man einfach nicht unten festhalten", sagte James W. Paulsen, oberster Investment-Stratege von Wells Capital Management, und er fügte hinzu: „Klar, da ist diese große Sorge am Markt, die besagt ‚Wo sind die Konsumenten?' Jetzt wissen wir aber, dass der Verbraucher lebt und es ihm gutgeht."

An eben jenem 22. Juni, an dem Bear Stearns die Rettung ihres Hedge Fonds mit einem Kredit von 3,2 Milliarden Dollar bekannt gab, hatte an der New Yorker Börse das Beteiligungsunternehmen Blackstone Group sein Börsendebut. Blackstone zählt zu den größten und aggressivsten Unternehmen seiner Art, die in Deutschland unter der Bezeichnung „Heuschrecken" einem größeren Publikum bekannt wurden. Mitbegründer Stephen A. Schwarzman (Jahresgehalt ca. 400

Millionen Dollar) gilt als Star der Branche. Im internationalen Beirat sind unter anderem auch in Deutschland bekannte Manager vertreten: der Unternehmensberater Roland Berger und Ron Sommer, der ehemalige Vorstandsvorsitzende der Deutschen Telekom. Zum Blackstone-Portfolio gehören Unternehmen bzw. Beteiligungen wie beispielsweise die Hilton Hotels, Deutsche Telekom, Gerresheimer Group, TRW Automotive, Klöckner Pentaplast. Wenige Monate vor dem Börsengang hatte sich ein chinesischer Staatsfonds mit drei Milliarden Dollar an Blackstone beteiligt.

Das Interesse an den Blackstone Aktien war dementsprechend groß. Vor der Erstausgabe sollen die Aktien sechsfach überzeichnet gewesen sein. Doch danach wollte der Aktienkurs der „Heuschrecke“ nicht so recht vom Fleck kommen. An der Wall Street wurde inzwischen befürchtet, dass amerikanische Geschäfts- und Investmentbanken die Geschäfte solcher Beteiligungsunternehmen nicht mehr so großzügig finanzieren wollen oder können, weil sie derartige Kredite nicht mehr so einfach wie zuvor in Form von Asset Backed Securities (ABS) weiterverkaufen können. Der Blackstone-Aktienkurs wird bis Ende März 2008 gegenüber dem Ausgabekurs mehr als 60 Prozent verlieren.

Im Juli 2007 traf die schwierigere Situation an den Märkten für Beteiligungskredite den Blackstone-Konkurrenten Cerberus Capital Management. Cerberus wurde auch in Deutschland einer breiteren Öffentlichkeit als Käufer der von DaimlerChrysler abgespaltenen Chrysler Group bekannt. Nun hatte das Unternehmen Schwierigkeiten, von Banken das dafür benötigte Kapital zusammenzubekommen. Letztendlich brachte Cerberus die Finanzierung des Geschäfts später dennoch zusammen. Die Schwierigkeiten deuteten aber an, dass die aus der US-Immobilienkrise entstandenen Turbulenzen auch auf andere Bereiche der Finanzmärkte übergreifen.

Das beeindruckte die Aktienmärkte denn doch. Wenn es künftig weniger Fusionen und Übernahmen gibt, weil die Banken solche Geschäfte nicht mehr finanzieren können, entweicht viel Kursphantasie aus dem Markt. In der letzten Juliwoche sackten die Kurse um durchschnittlich knapp fünf Prozent in die Tiefe – das schlechteste Wochenergebnis seit Jahren.

An diesem Wochenende kam in Düsseldorf in der Zentrale der IKB Deutsche Industriebank eine illustre Runde zusammen: Jochen Sanio, Präsident der Bundesanstalt für Finanzdienstleistungsaufsicht (BaFin), Ingrid Matthäus-Maier, Vorstandschefin der staatlichen KfW-Bankengruppe, und Jörg Asmussen, Abteilungsleiter im Bundesfinanzministerium. Telefonisch zugeschaltet waren Bundesfinanzminister Peer Steinbrück, Deutsche-Bank-Chef Josef Ackermann, Klaus-Peter Müller von der Commerzbank, Sparkassen-Präsident Heinrich Haasis und Bundesbank-Präsident Axel Weber. Es gab nur einen Tagesordnungspunkt: Die sonst eher solide Mittelstandsbank IKB hatte am Markt für amerikanische Hypothekenanleihen in großem Stil spekuliert – und verloren. Nun drohte der Bank die Pleite, wenn nicht Staat und Kreditwirtschaft zusammenlegen und der angeschlagenen Bank unter die Arme greifen. Fällt die Bank, drohte Bankaufseher Sanio, dann fallen auch andere Institute. Eine solche Kettenreaktion könnte das Ansehen des gesamten Finanzstandortes Deutschland ernsthaft beschädigen.

Die meisten Deutschen rieben sich an diesem Montagmorgen verdutzt die Augen. Nur die wenigen Zeitungsleser, die sich bei ihrer Morgenlektüre überhaupt bis zum Wirtschaftsteil vorarbeiten, haben zuvor schon einmal das Wort „subprime“ gelesen. Und nun war eine angesehene deutsche Privatbank so gut wie pleite. Die US-Immobilienkrise hat sich zur Kreditkrise und schließlich zur globalen Bankenkrise entwickelt.

Nun wurde es eng. Wie die IKB sind auch viele andere deutsche und internationale Banken am US-Hypothekenmarkt engagiert. Weil kaum jemand weiß, wie hoch die Verluste aus diesen Investments ausfallen, hält jede Bank ihr Geld lieber im eigenen Haus, als anderen Instituten über den Interbankenmarkt mit kurzfristigen Krediten Liquidität zur Verfügung zu stellen. Die Notenbanken sprangen ein. In der ersten Augustwoche pumpte die US-Notenbank mehr als 50 Milliarden Dollar in das Finanzsystem, eine Woche später noch einmal 87,5 Milliarden Dollar. Die EZB stellte den Banken insgesamt 156 Milliarden Euro zur Verfügung. Auch die Notenbanken von Japan, Australien, Singapur, Kanada, Norwegen und der Schweiz pumpten Geld in den Markt, um die ausgebrochene Liquiditätskrise zu entschärfen.

Immer mehr deutsche Banken räumten Verwerfungen in ihren Bilanzen wegen der US-Immobilienkrise ein: Postbank, WestLB, SachsenLB, Commerzbank. In Frankreich schloss die BNP, größte Bank des Landes, zwei Investmentfonds, die in US-Immobilienkredite investiert haben. In den USA gingen die Immobilienfinanzierer American Home Mortgage und HomeBanc pleite. Hedge Fonds meldeten reihenweise Rekordverluste oder machten gleich dicht. Um die Citigroup rankten sich Gerüchte, denen zufolge die größte Bank der USA rund 500 Millionen Dollar verloren haben soll. Doch Citigroup-Chef Charles O. Prince III. wischte in einem Interview alle Bedenken beiseite: „Wir sehen eine Menge verängstigter Leute auf der Straße. Wir sind nicht verängstigt. Wir sind nicht in Panik. Wir sind auch nicht nervös. Unser Team hat so etwas schon öfter durchgestanden." Kurz vor Jahresende musste Prince einräumen, dass seine Bank am Markt für Subprime-Hypotheken doch etwas mehr verloren hat. Im vierten

Quartal beliefen sich die Verluste schließlich auf 18,1 Milliarden Dollar aus dem Subprime-Hypothekengeschäft und 4,1 Milliarden Dollar aus dem Verbraucherkreditgeschäft. Prince verlor darüber seinen Job.

Derweil versuchten im Spätsommer 2007 noch Ökonomen und Politiker die Wogen der Aufregung zu glätten. Der Internationale Währungsfonds (IWF) erklärte, die robuste Weltkonjunktur sei wegen der Turbulenzen an den Finanzmärkten nicht in Gefahr. In Deutschland beruhigte Bert Rürup, Vorsitzender des Sachverständigenrates, die Gemüter in der „Berliner Zeitung“: „Die Krise wird auf die Finanzmärkte beschränkt bleiben ... Der Aufschwung sollte intakt bleiben.“ Und Rüdiger von Rosen, Chef des Deutschen Aktieninstituts, schrieb in der „Frankfurter Neuen Presse“, beim Überschwappen der US-Immobilienkrise handele es sich „nicht um ein länger anhaltendes Unwetter, sondern nur um ein reinigendes Gewitter.“ Ähnlich äußerte sich Präsident Bush in Washington: Die jüngsten Marktturbulenzen seien kein Grund zur Sorge, sondern eine natürliche Korrektur der sorglosen Kreditvergabe in den Jahren zuvor.

Doch die Beruhigungspillen wirkten nicht. Die Aktienkurse schienen ins Bodenlose zu stürzen. Der Dow-Jones-Index sackte am 16. August bis auf 12.500 Punkte ab. An diesem Tag nahm Countrywide Financial, größter Immobilienfinanzierer des Landes, bei insgesamt 40 Banken Notkredite im Volumen von 11,5 Milliarden Dollar auf. Am 17. August lag der DAX auf seinem Tiefpunkt fast zwölf Prozent unter seinem Höchststand, den er erst einen Monat zuvor erreicht hatte. Das US-Wirtschaftsforschungsinstitut Economy.com schätzte, dass 2007 und 2008 etwa 1,7 Millionen amerikanische Familien ihr Haus durch eine Zwangsverwertung verlieren würden – fast doppelt so viele wie in den zwei vorangegangenen Jahren. Mark Zandi, Chefökonom des Instituts, hält die Aussichten für „sehr düster“ wegen der sich selbst verstärkenden Abwärtsspirale aus sinkenden Häuserpreisen, Kreditausfällen und schärferen Richtlinien bei der Hypothekenkreditvergabe, wodurch die Hauspreise weiter gedrückt werden.

Jetzt schritt erneut die US-Notenbank ein. Ein Verfall der Immobilienpreise schien den Fed-Gouverneuren schon schlimm genug zu sein. Nun sollten nicht auch noch die Aktienkurse einbrechen. An diesem 17. August überraschte Fed-Präsident Ben Bernanke nach telefonischen Konsultationen mit den anderen Mitgliedern des Zentralbankrates die Märkte mit einer Senkung des Diskontsatzes, der nicht als eigentlicher Leitzins gilt, um 0,5 Prozentpunkte auf 5,75 Prozent. Zum Diskontsatz können sich Banken gegen Hinterlegung von Wechseln Kredit von der Notenbank besorgen. Diese Geldversorgung wurde nun billiger. Normalerweise wird der Diskontsatz in den USA nur wenig beachtet. Doch die Zeiten sind alles andere als normal. Zur Begründung für ihren Schritt erklärte die Zentralbank, die Risiken für das amerikanische Wirtschaftswachstum hätten sich wegen der Turbulenzen an den Finanzmärkten deutlich erhöht.

Der Zinsschritt verfehlte seine Wirkung auf die Finanzmärkte nicht. Innerhalb von Sekunden nach Bekanntgabe der Diskont-Senkung schossen die Aktienkurse an der New Yorker Börse in die Höhe. Nach sechs aufeinanderfolgenden Tagen im Minus verbuchte der Dow-Jones-Index einen Gewinn von mehr als 200 Punkten. Doch das war nicht das eigentliche Ziel der Zinssenkung. Vielmehr wies der unvorbereitete Schritt auf Befürchtungen der Zentralbanker hin, dass ein größeres Kreditinstitut zusammenbrechen könnte, wenn die Notenbank bis zur nächsten regulären Sitzung des Zentralbankrates am 18. September untätig bleiben würde. Es war dies die erste Zinssenkung der US-Notenbank seit 2003 und signalisierte damit einen Wendepunkt der amerikanischen Geldpolitik.

Später hieß es allerdings, nur wenige Banken hätten von der Möglichkeit, sich über das „Diskont-Fenster" bei der Notenbank liquide Mittel zu verschaffen, Gebrauch gemacht. Die meisten Banker fürchteten um das Ansehen und das Standing ihres Instituts an den Finanzmärkten, wenn sie diese Notlösung nutzen würden.

Die Aktion fand nicht nur Beifall. William Poole, Präsident der Federal Reserve Bank of St. Louis, hatte noch im Juli 2007 erklärt, Investoren, die mit Subprime-MBS Verluste erlitten hätten, bekämen genau das, was sie verdient hätten. Zwei Tage vor der Diskont-Senkung sagte Poole in einem Interview, eine Zinssenkung außerhalb der regulären Sitzung des Zentralbankrates (Federal Open Market Committee) sollte allenfalls im Falle einer Katastrophe in Erwägung gezogen werden. Er sehe aber bislang nicht, dass die Immobilienkrise auf andere Bereiche der Wirtschaft überschwappe.

Auch Mark Gertler, der früher an der Universität Princeton mit Ben Bernanke gemeinsame Forschungen durchgeführt hatte, war hinsichtlich der Diskontsenkung skeptisch: „Wenn es Hinweise gäbe, dass die Konsumausgaben stark zurückgegangen wären, so würde das eine Leitzinssenkung rechtfertigen, aber solche Hinweise gibt es nicht."(17)

Auch Mervyn King, Gouverneur der Bank von England, äußerte sich im September kritisch über die Stützungsaktionen der amerikanischen und der europäischen Notenbank. Dadurch würde Marktteilnehmern ein Anreiz zum Eingehen exzessiver Risiken gegeben und damit der „Samen für die nächste Finanzkrise gesät." Aufgabe einer Notenbank sei vielmehr, die Gesellschaft vor den Folgen der jüngsten Turbulenzen zu schützen, indem sie weiter für ökonomische Stabilität sorgt. Diese Aufgabe nehme sie dadurch war, indem sie die Notenbankzinsen so festsetzt, dass das Ziel einer In-

17 *New York Times, 18. August 2007*

flationsrate von zwei Prozent erreicht wird. Die Bereitstellung vermehrter Liquidität zur Linderung der Krise rund um die illiquid gewordenen Mortgage Backed Securities habe dagegen die Wirkung einer „nachträglichen Versicherung für riskantes Verhalten."[(18)]

Anders gewendet, bei den Problemen an den Finanzmärkten geht es zu wie in dem uralten Witz: Wenn jemand 10.000 Euro Schulden bei der Bank hat, hat er ein Problem; wenn jemand zehn Millionen Euro Schulden bei der Bank hat, hat die Bank ein Problem.

Bei der zur Finanzkrise ausgewachsenen US-Immobilienkrise geht es damaligen Schätzungen zufolge um Verluste von 400 Milliarden US-Dollar, die vor allem bei Banken, Hedge Fonds und anderen institutionellen Investoren vermutet werden. Bei dieser Größenordnung liegt der Schwarze Peter allerdings nicht mehr bei einzelnen Banken, sondern bei der Notenbank. Bricht auch nur eine größere Bank unter der Last ihrer Fehlspekulationen zusammen, könnte das ganze Finanzsystem in Mitleidenschaft gezogen werden – mit unkalkulierbaren Folgen für die Weltwirtschaft. Rettet die Notenbank dagegen das Finanzsystem, indem sie die Zinsen senkt und genügend liquide Mittel in den Markt pumpt, dann kann sie womöglich eine solche Weltwirtschaftskrise vermeiden. Die Folgen aber muss die Gesellschaft insgesamt tragen – sei es in Form zunehmender Inflation und/oder über eine Abwertung ihrer Währung.

Erinnern wir uns an dieser Stelle noch einmal an die Ursprünge der Krise. Nachdem das Zinsniveau in den USA Mitte der 90er Jahre auf den niedrigsten Stand seit Jahrzehnten gesunken war, kauften die Amerikaner vermehrt Eigenheime. Die Preise für Einfamilienhäuser und Eigentumswohnungen begannen zu steigen. Weitgehend befreit von den Geschäftsein-

18 *Turmoil in Financial Markets: What can Central Banks do? Paper submitted to the Treasury Committee, Mervyn King, Governor of the Bank of England, 12. September 2007*

schränkungen, denen sie seit den 1930er Jahren unterworfen waren, entdeckten Geschäfts- und Investmentbanken Hypotheken und Verbraucherkredite als lukratives neues Geschäftsfeld. Sie kauften im großen Stil solche Kreditgeber, die nicht notwendigerweise Bankstatus hatten, auf und stellten ihnen die Mittel für eine aggressive Geschäftsausweitung zur Verfügung. In Kombination mit dem Verkauf und der Verbriefung der Kreditforderungen kam ein riesiges Schwungrad in Bewegung: Die Kreditgeber, die die Kreditrisiken nicht mehr selbst tragen mussten, legten jegliche Zurückhaltung ab und gewährten in großem Stil auch solchen Kunden Raten- und Hypothekenkredite, die diese Kredite niemals zurückzahlen könnten. Investoren kauften die Kredite bzw. Wertpapiere, die mit diesen Krediten unterlegt waren, weil sie damit höhere Renditen erzielen konnten als mit herkömmlichen US-Staatsanleihen – über die in den Krediten enthaltenen Risiken sahen sie großzügig hinweg. Als Ende 2006/Anfang 2007 der Immobilienmarkt kippte, brach das ganze System zusammen. Und nun musste die Notenbank mit Zinssenkungen und Liquiditätsspritzen das Weltfinanzsystem vor dem Zusammenbruch retten.

Solange das System noch funktionierte, konnten sich alle an ihm Beteiligten über satte Gewinne freuen. Die Kosten des Zusammenbruchs werden dagegen sozialisiert. Und das nicht nur innerhalb der USA. Weltweit sind Banken und andere institutionelle Investoren in das System verstrickt und erleiden Verluste in Milliardenhöhe. Das bedeutet Mindereinnahmen für die jeweilige Staatskasse. Außerdem müssen, besonders in Deutschland, etliche Banken mit Steuergeldern und Mitteln aus anderen Quellen (zum Beispiel Sparkassenkapital zur Rettung von SachsenLB und WestLB) vor dem Zusammenbruch bewahrt werden. Die britische Regierung wird sich gezwungen sehen, die Hypothekenbank Northern Rock zu retten, indem sie ihr eine unbegrenzte Bürgschaft gewährt, bevor der Staat die Bank später vollständig übernimmt. Außerdem wird wegen der Zinssenkungen in den USA der Wechselkurs des US-Dollars unter Druck geraten und die Wettbewerbsfähigkeit ganzer Volkswirtschaften verschlechtern. So geraten Arbeitsplätze noch Tausende Kilometer entfernt von Miami und Los Angeles, San Diego und New York, den heißen Brennpunkten der US-amerikanischen Immobilienspekulation, in Gefahr. So gesehen scheint es nicht übertrieben zu sein, von einer Sozialisierung der Kosten der amerikanischen Immobilien- und Kreditkrise zu sprechen.

Doch die US-Notenbank hatte keine Wahl. Ihr Auftrag ist – anders als die Aufgabe beispielsweise der Europäischen Zentralbank – ein zweifacher: Sie soll für Geldwertstabilität sorgen *und* das Wirtschaftswachstum fördern. Die EZB dagegen ist ausschließlich für die Geldwertstabilität zuständig. Darüber hinaus obliegt den Notenbanken, dafür zu sorgen, dass die Finanzmärkte reibungslos funktionieren. Doch nun funktionieren die Finanzmärkte nicht mehr reibungslos. Deshalb *musste* das Federal Reserve Board die Zügel der Geldpolitik lockern, um die Wirtschaft am Laufen zu halten. Und sie tat es. Am 18. September senkte sie zum ersten Mal die Fed Funds Rate, ihren wichtigsten Leitzins, um 0,5 Prozentpunkte auf 4,75 Prozent. Bis zum Frühjahr 2008 folgten noch sechs weitere Zinssenkungen. Ab Anfang Mai liegt der Leitzins nur noch bei 2,0 Prozent.

Auch der gegenüber Notenbankinterventionen zunächst kritische Mervyn King von der Bank von England musste sich schließlich öffentlichem Druck beugen und – wenige Tage nach seinem oben zitierten Kommentar gegenüber dem Treasury Committee des Parlaments – der angeschlagenen Hypothekenbank Northern Rock beispringen.

Besonders dramatisch kam die US-Leitzinssenkung vom 22. Januar 2008 daher. Nicht nur dass diese Zinssenkung erneut außerhalb einer formellen Sitzung des Zentralbankrates beschlossen wurde; mit 0,75 Prozentpunkten fiel dieser Zinsschritt auch besonders üppig aus.

Am Tag zuvor, an dem die US-Börsen wegen eines Feiertages geschlossen blieben, waren die Aktienkurse in Asien und Europa schwer eingebrochen: in Japan (Nikkei-Index) um 3,9 Prozent, in China (Shanghai Composite) um 5,1 Prozent, in Deutschland (DAX) um 7,2 Prozent und in Großbritannien (FTSE 100) um 5,5 Prozent. Noch am selben Abend trommelte Notenbank-Chef Ben Bernanke die Mitglieder des Open Market Committee zu einer Video-Konferenz zusammen, in der die Zinssenkung beschlossen wurde. Am nächsten Tag gab die Fed ihre Entscheidung eine Stunde vor Börsenbeginn bekannt und bremste damit den Kursverfall der US-Aktien.

Ob die Medizin tatsächlich anschlagen würde, darüber kamen jedoch Zweifel auf. Die Aktionen der Notenbank wirkten, wie sich bald herausstellte, immer nur temporär. Die Fieberkurve der Finanzmarktpanik stieg immer wieder an – wie sich an der Differenz (engl. *spread*) zwischen 3-Monats-LIBOR USD, dem Zinssatz für US-Dollar-Ausleihungen unter Banken, und der Rendite für 3-Monats-Schatzwechsel (Treasury Bills) ablesen lässt (siehe Abb. 4).

Princeton-Ökonom Paul Krugman, der für die „New York Times“ auch als fleißiger Blogger im Internet aktiv ist, verglich die Eingriffe der Notenbank mit Interventionen am Devisenmarkt. Die Devisenmärkte haben ein derart riesiges Volumen, dass selbst umfangreiche Notenbank-Interventionen wie Tropfen auf einem heißen Stein wirken. Wenn sie dennoch funktionieren, so Krugman, „dann wegen des Ohrfeigen-Effekts: Die Märkte sind hysterisch und die Ohrfeige gibt den Teilnehmern die Chance, zur Besinnung zu kom-

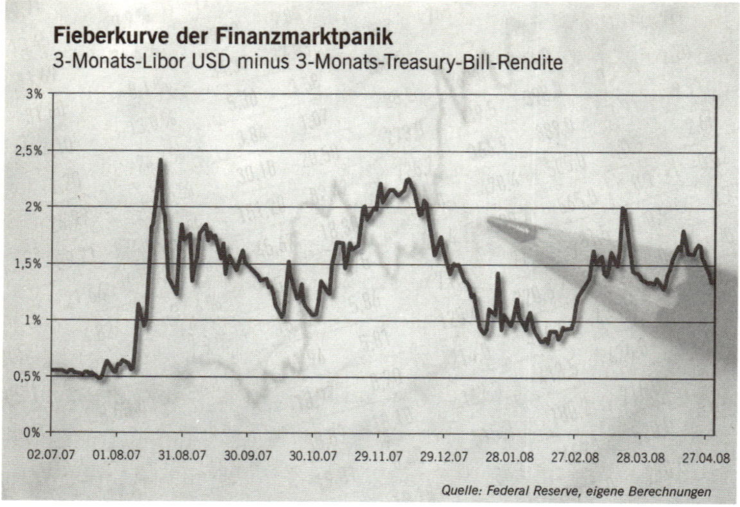

Abb. 4: Entwicklung der Differenz zwischen 3-Monats-LIBOR USD und 3-Monats-US-Treasury-Bills

men ... Jetzt haben Ben [Bernanke] & Co. dem Markt zum dritten Mal eine Ohrfeige zu verpassen versucht – dennoch kommt es immer wieder zu Panik. Vielleicht sind die Märkte also gar nicht hysterisch – vielleicht sind sie nur realistisch. In diesem Fall bräuchten die Märkte keine Ohrfeige, sondern eine gründlichere Therapie.“

Auch die US-Notenbank selbst schien ihrer Sache nicht allzu sicher zu sein. Im Januar 2008 erläuterte Notenbank-Gouverneur Frederic S. Mishkin in einem Vortrag, wie das Federal Reserve Board bei der Festlegung seiner Geldpolitik vorgeht. Unter normalen Umständen orientiert sich die Notenbank danach an theoretischen Modellen einer optimalen Geldpolitik. Solche mathematischen Modelle gehen in der Regel von einer gleichmäßigen bzw. linear-dynamischen Wirtschaftsentwicklung aus. Und tatsächlich, so Mishkin, sei die Entwicklung der Geldpolitik in den Vereinigten Staaten – wie in den meisten anderen Industrieländern – während des vergangenen Vierteljahrhunderts zumeist ziemlich glatt verlaufen. Sich auf die aktuelle Situation beziehend fügte der Notenbank-Gouverneur dann hinzu: „Formale Modelle dafür, wie die Geldpolitik auf Verwerfungen an den Finanzmärkten reagieren sollte, sind unglücklicherweise noch nicht verfügbar." Ein Hinweis darauf, dass die Notenbank mit ihren Aktionen mehr und mehr auf unerforschtes Gelände vorstieß.

Trotzdem bot Mishkin Lösungsvorschläge für solche problematischen Situationen an. Indem die Notenbank ihre Leitzinsen senkt, „um die negativen Effekte finanzieller Turbulenzen für die gesamtwirtschaftliche Aktivität abzuwenden, kann die Geldpolitik die Wahrscheinlichkeit reduzieren, dass finanzielle Verwerfungen eine unerwünschte Spirale in Gang setzen. Die dadurch erreichte Verringerung von Unsicherheit kann es den Marktteilnehmern erleichtern, Informationen zur Ermittlung angemessener Preise einzuholen; auf diese Weise kann die Rückkehr zu einem normalen Funktionieren der Märkte beschleunigt werden."

Doch ein aggressives Eingreifen der Notenbank, so Mishkin weiter, könne zu erheblichen makroökonomischen Risiken führen. Deshalb müsse die Geldpolitik „üblicherweise zu einem wachstumsfördernden Ansatz zurückkehren, sobald sich die makroökonomischen Risiken auf ein normales Niveau zurückgebildet haben".

Doch in genau diesem Punkt unterscheidet sich die von einer Immobilien- zu einer breiten Wirtschaftskrise ausgewachsene Situation der Jahre 2007/08 von bisherigen Krisensituationen: Die Beruhigung der Märkte nach Aktionen der Notenbank funktioniert immer nur temporär, danach kommt wieder Panik auf. Die Anleger flüchten in hellen Scharen in die Sicherheit von US-Staatsanleihen und drücken deren Rendite auf den niedrigsten Stand seit Jahren.

Trotz aller Zinssenkungen und Liquiditätsspritzen wurde Anfang März 2008 Thomas Roth, Leiter des Handels mit US-Staatsanleihen der Investmentbank Dresdner Kleinworth in New York, mit den Worten zitiert: „Dies ist der illiquideste Markt, den wir je hatten, ohne Ausnahme, auch nicht am 11. September oder zu irgendeiner Zeit in der Geschichte des Anleihemarktes. Und es wird wohl so bald nicht besser werden. Wir werden damit noch eine ganze Weile leben müssen."

Doch damit greifen wir den Ereignissen weit voraus.

Im Herbst 2007 drohte zusätzliches Ungemach – quasi in einem Seitenflügel des labilen Finanzmarkt-Kartenhauses. Hier residieren die Anleihen-Versicherer. John Smith (alias: Otto Normalverbraucher) hatte bis dahin höchstwahrscheinlich noch nie etwas von Firmen wie Ambac, MBIA oder FGIC Corp. gehört. Dennoch bilden diese Unternehmen so etwas wie das Rückgrat des riesigen Anleihemarktes.

MBIA wurde 1974 als Municipal Bond Insurance Association gegründet, um Kommunalanleihen (*municipal bonds*) dagegen zu versichern, dass der Schuldner die Anleihe nicht mehr bedienen kann, also Zins und/oder Tilgung schuldig bleibt. Die meisten Städte und Gemeinden in den USA sind nicht so gut bei Kasse, dass ihre Anleihen als so sicher angesehen werden wie beispielsweise US-Staatsanleihen. Pleiten und Kreditausfälle sind zwar äußerst selten, trotzdem bleibt diesen Papieren das begehrte Triple-A-Rating versagt. Werden diese Kommunalanleihen aber durch eine Versicherungsgesellschaft garantiert, die selbst über ein Triple-A-Rating verfügt, so geht diese höchste Bonitätsstufe auch auf die versicherte Anleihe über. Der willkommene Effekt: Der Schuldner – mithin die Stadt oder Gemeinde – muss weniger Zinsen für die Anleihe bezahlen. Der Stadtsäckel wird geschont, und damit indirekt der Steuerzahler.

In den 90er Jahren änderte MBIA das Geschäftsmodell und versicherte fortan neben Kommunalanleihen in wachsendem Umfang auch riskantere Finanzinstrumente, beispielsweise Anleihen, die mit Hypotheken unterlegt sind, oder Collateralized Debt Obligations (CDO), mit denen der Ankauf von ABS- und MBS-Anleihen finanziert wird. Sean Egan, Mitbegründer der unabhängigen Rating-Agentur Egan-Jones, beschrieb diesen Strategiewechsel einmal so: „Übertragen auf eine Lebensversicherung versicherte MBIA in der Vergangenheit nur 18-jährige Frauen, die weder rauchen noch trinken. Jetzt versichern sie auch die Evel Knievels dieser Welt." (Evel Knievel war ein in den USA bekannter Motorrad-Stuntman, der in den 1970er Jahren mit seiner Stunt-Show und spektakulären Motorradsprüngen berühmt wurde, bei denen es gelegentlich zu lebensgefährlichen Unfällen kam.)

Nun, in der Kreditkrise, wuchsen die Zweifel daran, ob die Versicherer über eine adäquate Kapitalausstattung für das riesige Anleihevolumen verfügen, für das sie einstehen müssen, wenn die Garantien tatsächlich in Anspruch genommen werden. Schätzungen zufolge belief sich das Volumen der von MBIA, Ambac, FGIC Corp. und anderen Unternehmen versicherten Anleihen auf 2.400 Milliarden Dollar.

Im November 2007 kündigten jedenfalls die Rating-Agenturen an, die Anleihen-Versicherer genauer unter die Lupe zu nehmen und zu prüfen, ob sie ihr Triple-A-Siegel zu Recht tragen. Die Folgen einer Bonitäts-Herabstufung wären dramatisch. Betroffen wären nicht nur die Unternehmen selbst, sondern Tausende von Anleihen, deren Kurswert auf dem Bonitäts-Siegel des Garantiegebers beruht. Wird dessen Rating herabgestuft, sinkt auch der Wert der versicherten Anleihen. Bei den Inhabern dieser Papiere wären entsprechende Wertberichtigungen vorzunehmen. Das könnte insbesondere bei Banken wiederum zu Abschreibungen in Milliardenhöhe führen.

Ohne Triple-A-Rating wäre darüber hinaus der ganze Sinn und Zweck der Anleihen-Versicherer in Frage gestellt. „Unser Triple-A-Rating ist eine fundamentale Triebfeder unseres Geschäftsmodells", sagt denn auch MBIA-Chef Gary C. Dunton. Warum auch sollte ein Schuldner seine Anleihe bei einem Unternehmen mit geringerer Bonitätsstufe versichern lassen, wenn damit nicht gleichzeitig eine signifikante Bonitätsverbesserung für die Anleihe und somit eine Ermäßigung des Zinskupons verbunden ist?

Die „New York Times" stellt daraufhin das ganze Geschäftsmodell in Frage: No Triple-A, no business? „Überlegen Sie mal", forderte Joe Nocera seine Leser auf: „Wenn ein Unternehmen ein Triple-A-Rating braucht, nur damit es im Geschäft bleiben kann, dann bedeutet dieser Umstand doch wohl, dass es dieses Rating gar nicht verdient. Wenn General Electric sein Triple-A-Rating verlieren sollte, würde das wirklich sein Geschäft beeinträchtigen? Wohl nicht wirklich. Unternehmen, die ein Triple-A-Rating verdienen, sind unempfindlich gegen kleinere – oder auch mittelgroße – Schlaglöcher in der Straße."

So unempfindlich sind die Anleihen-Versicherer aber nicht. Als sogenannte *Monoliner*, die nur den einen Geschäftszweig der Anleihen-Versicherung betreiben, tun sie genau das, was erfahrene und leidgeprüfte herkömmliche Versicherungsunternehmen tunlichst zu vermeiden trachten: Sie bilden Klumpenrisiken. Ausschließlich Anleihen zu versichern, das ist, als wenn eine einzelne Versicherungsgesellschaft, die nur Sturmversicherungen anbietet, ausschließlich Gebäude und Unternehmen in Florida oder Louisiana gegen Sturmschäden versichern würde. Da reicht ein Hurricane „Katrina", und der Versicherer wäre pleite. Aus diesem Grund beschäftigen

Erst- und Rückversicherungsgesellschaften Heerscharen von Mathematikern, die die jeweiligen Risiken genauestens analysieren und festlegen, ob ihre Gesellschaft beispielsweise noch ein paar Häuser in Kalifornien gegen Erdbeben oder noch ein paar Gebäude in Florida gegen Sturmschäden versichern sollte. Sogar die genaue Lage eines Hauses kann da den Ausschlag geben: bloß nicht zu viele Erdbeben-Risiken auf der St. Andreas-Spalte in Kalifornien, lieber noch ein paar mehr in Tokio oder Yokohama.

Um solche Vorsichtsmaßnahmen haben sich die Anleihen-Versicherer nicht gekümmert. Nun wirkt die Kreditkrise auf sie, wie 25 Hurricanes vom Schlage „Katrina", die alles platt walzen, was sich ihnen in den Weg stellt, auf einen Sturmversicherer.

Seit der Ankündigung der Rating-Agenturen, die Bonität der Anleihen-Versicherer zu überprüfen, ist bei diesen kaum mehr ein Stein auf dem anderen geblieben in dem Bemühen, das Triple-A-Rating zu halten. So konnte beispielsweise MBIA schon Anfang Dezember 2007 verkünden, dass sie von der privaten Beteiligungsgesellschaft Warburg Pincus eine Milliarde Dollar an frischem Kapital erhalten würde. Später kürzte das Unternehmen seine Dividendenzahlungen und trennte sich von Vermögenswerten im Volumen von 500 Millionen Dollar, um sich ein Liquiditätspolster zu verschaffen. Im Februar 2008 folgt eine Kapitalerhöhung im Volumen von einer Milliarde Dollar. Trotzdem stufte die – kleinere – Agentur Fitch Ratings MBIA Anfang April 2008 von „AAA" auf „A" herunter.

Ambac Financial Group feuerte seinen Chef Robert J. Genader und seinen obersten Risikomanager William T. McKinnon, kürzte seine Dividende und kündigte die Aufnahme neuen Kapitals im Volumen von einer Milliarde Dollar an. Trotzdem wurde das Unternehmen von Fitch Ratings von

„AAA“ auf „AA“ herabgestuft. Im März 2008 stellte das Unternehmen den Plan einer weiteren Kapitalerhöhung um 1,5 Milliarden Dollar vor.

ACA Financial Guaranty Corporation schaffte dergleichen nicht und wurde von Standard & Poor's auf „CCC“ heruntergestuft. CCC bedeutet: hohes Insolvenzrisiko. Ein Großteil des ACA-Geschäfts wird später von der Versicherungsaufsicht des Staates Maryland übernommen.

Die Probleme der Anleihen-Versicherer sollen auch bei der Entscheidung der Notenbank für die überraschende Leitzinssenkung vom 22. Januar 2008 eine Rolle gespielt haben. Wenn eine der Branchengrößen, Ambac oder MBIA, kollabiert, so die Befürchtungen, könnte eine Kettenreaktion ausgelöst werden. Zwei Tage nach der Leitzinssenkung debattierten Vertreter von Versicherungsaufsichtsbehörden und 15 Banken über Schritte zur Rettung der angeschlagenen Versicherer. Nach Berichten der „New York Times“ ging es unter anderem darum, Mittel im Volumen von 15 Milliarden Dollar für die Gesellschaften aufzubringen. Die beteiligten Banken sind zwar durch die Finanzkrise selbst angeschlagen. Die Versicherungsaufseher setzten aber darauf, dass die Banken selbst ein allerhöchstes Interesse daran haben, das Bonitätsniveau der Anleihen-Versicherer zu erhalten, weil eine Herabstufung unabsehbare Folgen für die Rentenmärkte und die eigenen Bilanzen nach sich ziehen würde. „Die Probleme an den Anleihemärkten würden sich wahrscheinlich vervielfältigen“, meint Yale-Ökonom Robert J. Shiller, der sich als Experte für Spekulationsblasen einen Namen gemacht hat, „wenn Ambac und andere Anleiheversicherer wie MBIA weiter herabgestuft werden.“[19]

Für das vierte Quartal 2007 und das erste Quartal 2008 vermelden die beiden Branchenführer Ambac und MBIA

19 *To Build Confidence, Try Better Bricks, New York Times, 27. Januar 2008*

jeweils Milliardenverluste. Ihre Aktien, die jahrelang zu den Stars am amerikanischen Börsenhimmel zählten, verlieren bis Ende April 2008 88 Prozent (MBIA) bzw. 96 Prozent (Ambac) ihres Wertes – gemessen am Höchststand der jeweiligen Aktienkurse. Aber eine endgültige Lösung der Probleme der Anleihen-Versicherer ist bis zu diesem Zeitpunkt noch nicht in Sicht.

Gelöst wurde dagegen inzwischen ein anderes Problem, und zwar auf spektakuläre Weise. Nur wenige Tage, nachdem Thomas Roth, Chef-Rentenhändler bei Dresdner Kleinwort, Anfang März 2008 den US-Rentenmarkt als den illiquidesten Markt seit Menschengedenken bezeichnet hatte, machten an den Finanzmärkten Gerüchte über Liquiditätsengpässe bei großen Investmentbanken der Wall Street die Runde. Der Name Bear Stearns wird genannt. Der Chairman der Investmentbank, Alan C. Greenberg, bezeichnete derartige Spekulationen sogleich als „vollkommen lächerlich". Dennoch stürzte die Aktie an diesem 11. März 2008 um mehr als elf Prozent ab.

Am Tag zuvor hatte die in Liquiditätsschwierigkeiten geratene niederländische Tochtergesellschaft der Carlyle Group die Banken um Zahlungsaufschub gebeten. Der Hedge Fonds brauchte frisches Geld als Anschlussfinanzierung für Vermögenswerte, darunter vor allem hypothekenbesicherte Anleihen. Falls diese Anschlussfinanzierung nicht zustande käme, drohte ein Notverkauf von Anleihen im Volumen von 16 Milliarden Dollar.

Die Finanzwelt wurde von dieser Nachricht überrascht. Die Stimmung war dementsprechend gedrückt. Viele Mitspieler an den Finanzmärkten befürchteten nun den Kollaps weiterer Institute, auch der einer größeren Investmentbank von der Wall Street wurde nicht mehr für unmöglich gehalten. Im Laufe der Woche verdüsterte sich die Stimmung. Investoren zogen Mittel von der Wall Street ab. Am schlimmsten traf es Bear Stearns. Deren Kunden entziehen der Bank innerhalb weniger Tage mehrere Milliarden Dollar.

Am Donnerstag dieser Krisenwoche (13. März) versuchten Alan Schwartz und Sam Molinaro, Chief Executive Officer und Chief Financial Officer von Bear Stearns, noch, in einer Telefonkonferenz die wichtigsten Kunden der Bank zu beruhigen. Doch auch das hilft nicht mehr, es ist zu spät. Am Abend bat Schwartz seinen Kollegen James S. Dimon von JP Morgan Chase um Hilfe.

An diesem Wochenende gingen die Lichter in den Bankgebäuden der Wall Street nicht mehr aus. In fieberhaften Gesprächen und Konferenzen wurde die bis dahin dramatischste Rettungsaktion dieser Finanzkrise orchestriert, um den Zusammenbruch von Bear Stearns abzuwenden. Als die anderen Banker am Montagmorgen an ihre Schreibtische zurückkehrten, hatte sich die Welt, in der sie vorher tätig waren, grundlegend verändert.

Das Ergebnis in dürren Worten: JP Morgan kaufte Bear Stearns zu einem Preis von zwei Dollar je Aktie. Am Freitag zuvor war die Bear-Stearns-Aktie in Frankfurt zuletzt für 21,50 Euro (das entsprach an diesem Tag 33,55 US-Dollar) gehandelt worden. Wenige Tage später wurde nach Protesten der Bear-Stearns-Aktionäre der Kaufpreis verfünffacht. Die US-Notenbank unterstützte die Übernahme, indem sie JP Morgan einen Kredit von 30 Milliarden Dollar zur Verfügung stellte und dafür wenig liquide Vermögenswerte von Bear Stearns als Sicherheit akzeptierte. Da JP Morgan diesen Kredit im Falle einer endgültigen Pleite von Bear Stearns nicht zurückzahlen muss, kommt dies einer direkten Unterstützung der angeschlagenen Investmentbank durch die Notenbank gleich. Um die Märkte liquide zu halten, richtete die Federal Reserve Bank of New York, der Ableger der Notenbank in der

Finanzmetropole, gleichzeitig ein so genanntes Kreditfenster für Investmentbanken ein.

Nikolaus Piper, Korrespondent der „Süddeutschen Zeitung" in New York, bezeichnete diese Entscheidungen der Notenbank später als „Ungeheuerlichkeit" und „Tabubruch": Die Entscheidungen haben „den amerikanischen Kapitalismus verändert"[20].

Der Tabubruch bestand darin, dass die Notenbank den Investmentbanken erstmals den Zugang zu ihren Krediten einräumte und als Sicherheiten für solche Kredite auch andere Wertpapiere akzeptierte als Anleihen und Schatzwechsel der US-Regierung, auch die weniger liquiden Hypothekenanleihen. Der Zugang zu Notenbankkrediten war bis dahin den Geschäftsbanken und Thrift Institutions vorbehalten, die Kundeneinlagen entgegennehmen. Die Rettung einer Investmentbank wie Bear Stearns war in den Aufgaben der Notenbank bis dahin nicht vorgesehen. Nur wenige Tage später legte US-Finanzminister Henry Paulson, der bis 2006 die Investmentbank Goldman Sachs geleitet hatte, einen Plan zur Neuregulierung der Finanzmärkte vor, der die bislang weitgehend unregulierten Investmentbanken und Hedge Fonds unter die Aufsicht der Notenbank stellt.

Indem die Notenbank ihren schützenden Arm über alle Finanzinstitutionen der Wall Street ausbreitet, gelten neue Regeln, die der Journalist John Cassidy in der US-Zeitschrift „Portfolio" so zusammenfasst: „Von jetzt an ist keine Wall-Street-Firma dumm oder korrupt genug, als dass man ihr erlauben würde, pleitezugehen."[21] Gleichzeitig, so Cassidy weiter, beschwöre die Notenbank mit ihren Entscheidungen ein Bedrohungsszenario wie in der großen Depression der 1930er

20 *Ein Gelehrter sucht den besten Kurs, Süddeutsche Zeitung, 31. März 2008*
21 *The Great Depression Debate, Portfolio, 14. April 2008*

Jahre oder gar der epischen Finanzstürme des 19. Jahrhunderts herauf.

Tatsächlich gibt es bis zum Redaktionsschluss dieses Buches keine Anzeichen dafür, dass es so schlimm kommt. Die Universität Michigan hat zwar mitgeteilt, dass die Stimmung der Verbraucher im Mai 2008 den schlechtesten Wert seit mehr als einem Viertel Jahrhundert aufweist. Und da der private Konsum für etwa 70 Prozent der amerikanischen Wirtschaft ausschlaggebend ist und Verbraucher, die die Zukunftsaussichten eher düster beurteilen, in der Regel nicht allzu konsumfreudig sind, wird sich die schlechte Verbraucherstimmung wohl schon bald auch in den Unternehmensbilanzen widerspiegeln. Nach ersten Berechnungen des Bruttoinlandsprodukts der USA (die noch zweimal revidiert werden) ist die Wirtschaft im ersten Quartal 2008 jedoch noch mit einer Rate von 0,6 Prozent gewachsen. Allerdings beruht dieses Wachstum einzig und allein darauf, dass die Unternehmen mehr produziert haben, als sie absetzen konnten. Die daraus resultierende Aufstockung der Lagerbestände trug in diesem Zeitraum 0,8 Prozent zur Wirtschaftsleistung bei. Ohne diesen Lageraufbau wäre die Wirtschaft mithin geschrumpft.

Das entspricht den Erwartungen der meisten Ökonomen: Eine Rezession der US-Wirtschaft wird nicht zu verhindern sein. Harvard-Ökonom Martin Feldstein, bis Anfang 2008 Präsident des National Bureau of Economic Research, erklärte Anfang März 2008 in einem Vortrag: „Die Lage ist sehr schlecht, die Lage verschlechtert sich weiter und es besteht die Gefahr, dass es sehr schlimm werden könnte." Man werde sich noch wundern, wie lange das alles dauern wird.

Die Globalisierung der US-Immobilienkrise

Als das System der US-Hypothekenfinanzierung Ende 2006 ins Stottern geriet und in den Monaten danach endgültig zusammenbrach, fanden sich nicht nur US-Banken unter den Opfern. Banken aus der ganzen Welt mussten reumütig Verluste einräumen, teilweise in zweistelliger Milliardenhöhe. Sie haben sich einlullen lassen von den Hochglanzprospekten und der wortgewandten Rhetorik der Wall Street, mit denen diese ihre Mortgage Backed Securities als lukrative Finanzinnovation anpries.

Die Anlagen ausländischer Investoren in riskanten Subprime-Hypothekenkrediten sind aber nur die Spitze eines gewaltigen Kapitalstroms, der sich seit zwei Jahrzehnten in die USA ergießt. Wie kam es überhaupt dazu, dass der Rest der Welt einen großen Teil seiner Ersparnisse dafür einsetzte, die USA mit dem notwendigen Kapital für Wachstum und Wohlstand zu versorgen?

Am 14. Oktober 2007 veröffentlichte die „Financial Times" einen bemerkenswerten Artikel des soeben zitierten Martin Feldstein, dessen Name seit Jahrzehnten nur selten ohne den Zusatz genannt wird, er sei zeitweise Chef-Wirtschaftsberater von Präsident Ronald Reagan gewesen. In seinem Artikel plädierte der Wissenschaftler offen für einen schwächeren Dollar. „Der Rückgang des Dollarkurses in den vergangenen Wochen ist nur ein Vorspiel für den viel substanzielleren Rückgang, der erforderlich ist, um das US-Leistungsbilanzdefizit zu verringern." Dieses Leistungsbilanzdefizit, das im Jahr 2007 rund 800 Milliarden Dollar ausmachte, ist die Ursache von Verwerfungen im globalen Wirtschaftskreislauf. Es ist zugleich verantwortlich dafür, dass seit Langem ein breiter Kapitalstrom in Richtung USA fließt.

Das funktioniert, vereinfacht dargestellt, so: Ein deutscher Automobilhersteller verkauft ein Auto in die USA für 20.000 US-Dollar. Der Käufer überweist den Betrag nach Deutschland. Der Autohersteller tauscht die 20.000 Dollar bei der Europäischen Zentralbank (EZB) in Euro um. Die EZB legt das Geld in US-Staatsanleihen an. Der Dollarbetrag aus dem Autoexport verwandelt sich so in eine Forderung gegenüber den USA, oder aus der Sicht der USA in einen Zuwachs an Verbindlichkeiten, was gleichbedeutend ist mit einem Kapitalimport.

Da Leistungsbilanz und Kapitalbilanz wie die beiden Seiten einer doppelten Buchführung zusammenwirken, bewirkt ein Defizit in der Leistungsbilanz stets einen Kapitalimport in etwa gleicher Höhe. Umgekehrt führt ein Überschuss in der Leistungsbilanz stets zu einem Kapitalexport.

Das Leistungsbilanzdefizit der USA von rund 800 Milliarden Dollar im Jahr 2007 führte also zwangsweise dazu, dass die USA im gleichen Jahr Kapital in Höhe von 800 Milliarden Dollar importierten, das Ausländern gehört. Die Ausländer kauften dafür in den USA Vermögenswerte wie beispielsweise Aktien oder Immobilien – oder auch hypothekenbesicherte Anleihen.

Nun importieren die USA schon seit vielen Jahren viel mehr Waren, als sie exportieren. Seit 1982 hatte die größte Volkswirtschaft der Welt nur in einem Jahr, 1991, einen kleinen Überschuss in der Leistungsbilanz erwirtschaftet (siehe Abb. 5). Seither hat die Konsumfreude der Amerikaner eine regelrechte Sogwirkung auf Importwaren ausgeübt.

Gleichzeitig ist es der amerikanischen Wirtschaft nicht gelungen, die Exporte ebenso dynamisch auszuweiten, wie die Importe gestiegen sind. Man spricht deshalb in vergleich-

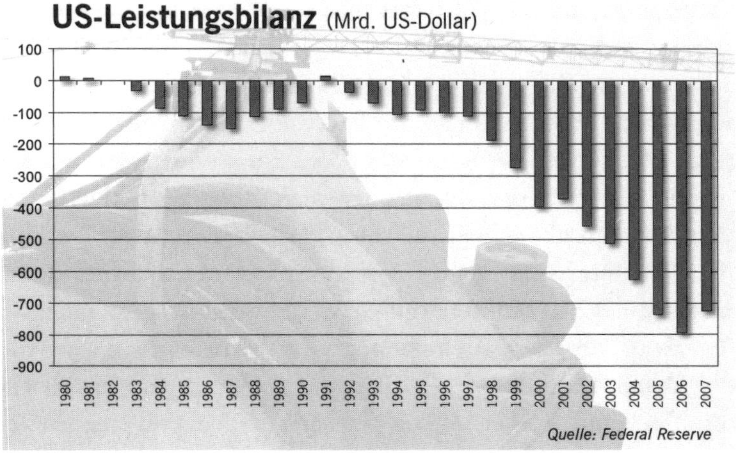

Abb. 5: US-Leistungsbilanz zwischen 1980 und 2007

baren Fällen auch von einer mangelnden Wettbewerbsfähigkeit eines Landes.

Über die Ursachen des amerikanischen Leistungsbilanzdefizits laufen seit Jahren bizarr anmutende Debatten. Eine frühe Erklärung, die sich auf die Anfänge des Leistungsbilanzdefizits in den 80er Jahren bezog, lieferte Harvard-Ökonom Martin Feldstein: „Wenn die Regierung in großem Stil Kredite aufnimmt, erzeugt sie ein Vakuum auf dem inländischen Kapitalmarkt und saugt Kapital aus dem Ausland an.“(22) Die mit dem Kapitalzustrom verbundene steigende Nachfrage nach US-Dollars lässt dessen Wechselkurs steigen; Importe werden billiger und Exporte teurer. Dadurch steigen die Importe und verringern sich die Exporte, wodurch das Leistungsbilanzdefizit entsteht.

Feldstein bezog sich bei seiner Einschätzung auf die frühen 80er Jahre. Damals hatte der frisch gewählte Präsident Ronald Reagan nichts Eiligeres zu tun, als die Einkom-

22 *Economic Scene: What's behind the Dollar's Rise?, New York Times, 9. September 1988*

mensteuern massiv zu senken. Das war sein Versprechen schon im Wahlkampf. Reagan ging es darum, die Wirtschaft aus einer angeblichen Gängelung durch den Staat zu befreien. Er glaubte an die „Magie der Märkte“ und daran, dass sich seine Steuersenkung quasi selbst bezahlt machen würde. Das in den Taschen der Konsumenten verbliebene Geld würde den Konsum anheizen, und die günstigeren Steuersätze würden die Unternehmen zu Investitionen animieren. Insgesamt würde die Steuersenkung die Wirtschaft so stark beleben, dass der Staat am Ende mehr Steuern einnehmen würde als vor der Steuersenkung.

Tatsächlich aber wuchs das Haushaltsdefizit der Regierung nach der Steuersenkung schnell an. Das letzte Haushaltsdefizit der Regierung von Reagans Vorgänger Jimmy Carter hatte knapp 79 Milliarden Dollar betragen. Nach Reagans Steuersenkung überschritt das Haushaltsdefizit schnell die 100-Milliarden-Dollar-Grenze und stieg bis 1985 auf über 200 Milliarden Dollar. Auf diese Periode bezog sich Martin Feldsteins Argumentation über die Entstehung des US-Haushaltsdefizits, zu dem sich schnell ein wachsendes Leistungsbilanzdefizit hinzugesellte.

Alan Greenspan liefert in seiner Autobiografie eine ganz andere Begründung. Seiner Ansicht nach entstand das Defizit durch einen Überschuss an Ersparnissen in Ländern mit hohen Leistungsbilanzüberschüssen in Kombination mit nicht ausreichend verfügbaren, attraktiven Anlagemöglichkeiten im eigenen Land. Wegen einer gleichzeitig abnehmenden Neigung, die Ersparnisse möglichst im eigenen Land anzulegen, hätten viele Anleger ihr Geld gern in den USA investiert. Mit anderen Worten: Hohe Ersparnisse in anderen Ländern seien für den steigenden Konsum der Amerikaner verantwortlich.

Richard Duncan, Buchautor und Partner der Investmentberatungsfirma Blackhorse Asset Management, ist da ganz anderer Ansicht: „Als die Globalisierung den Handel zwischen Hochlohnländern und Niedriglohnländern ermöglichte, begannen die amerikanischen Verbraucher mehr Waren aus Niedriglohnländern wie China zu kaufen, weil diese Produkte billiger waren. Gleichzeitig kauften die Verbraucher in Niedriglohnländern aus dem gleichen Grund weiter die im eigenen Land hergestellten Produkte. Als Folge davon wandelte sich die Leistungsbilanz von einem Gleichgewicht im Jahr 1991 zu einem Defizit von 850 Milliarden Dollar im Jahr 2006."

Auch diese Begründung kann letzten Endes nicht vollkommen überzeugen, weil sie die Frage unbeantwortet lässt, warum nur die USA, nicht aber auch andere entwickelte Industrieländer in der gleichen Zeit ein Leistungsbilanzdefizit entwickelten. Denn die Bedingungen, die Duncan anführte, gelten gleichermaßen für die USA und andere Industrieländer. Deutschland beispielsweise hat sich aus einem hohen Leistungsbilanzdefizit in der ersten Hälfte der 90er Jahre nach der deutsch-deutschen Vereinigung rasch herausgearbeitet und erzielt inzwischen wieder hohe Leistungsbilanzüberschüsse, obwohl auch die deutschen Verbraucher die preisgünstigen Importwaren aus Niedriglohnländern zu schätzen wissen.

Angesichts derart unterschiedlicher Argumentationen scheint die Frage nach dem Ursprung des US-Leistungsbilanzdefizits der Frage nach der Henne und dem Ei zu ähneln: Wer war zuerst da? Tatsache ist jedenfalls, dass der Rest der Welt während der vergangenen Jahre und Jahrzehnte Kapital in wachsendem Umfang in die USA exportiert und dort angelegt hat. Dadurch haben sich die USA von einer Gläubigernation zum Land mit den höchsten Auslandsschulden der Welt entwickelt.

Sucht man nach einer autonomen Entscheidung (oder einer Serie solcher Entscheidungen) der USA, die diese Entwicklung in Gang gesetzt haben könnte, dann landet man schnell wieder bei der Argumentation von Martin Feldstein, der das Leistungsbilanzdefizit mit steigenden Staatsausgaben begründet. Tatsache ist, dass Reagans Steuersenkungen Anfang der 80er Jahre zu einem hohen Haushaltsdefizit geführt haben. In dieser Zeit sind auch die Leistungsbilanzdefizite gestiegen.

Tatsache ist aber, dass die Leistungsbilanzdefizite auch während der zweiten Hälfte der 90er Jahre deutlich gestiegen waren, obwohl die Regierung von Präsident Bill Clinton den Bundeshaushalt in dieser Zeit konsolidiert hat und der Saldo der Einnahmen und Ausgaben der Gebietskörperschaften zeitweise sogar hohe Überschüsse auswies. Von einem Vakuum an den Kapitalmärkten und einem Sog, der Auslandskapital anzieht, kann in dieser Periode keine Rede sein. Die reale Entwicklung dieser Phase widerspricht somit der These von Martin Feldstein diametral. Betrachtet man diese Zeitperiode, so kann auch die Erklärung von Ex-Notenbankchef Alan Greenspan nicht recht überzeugen, denn in der zweiten Hälfte der 90er Jahre fanden die Anleger in vielen Ländern der Welt bei steigenden Aktien- und Anleihekursen auch im jeweiligen Inland durchaus höchst attraktive Anlagemöglichkeiten vor.

Zumindest plausibel erscheint für diesen Fünfjahres-Zeitraum vor dem Platzen der Internet-Spekulationsblase im Jahr 2000 diese oft geäußerte Erklärung für das Leistungsbilanzdefizit: Bei steigenden Aktienkursen fühlten sich die stark an den Aktienbörsen investierenden Amerikaner immer wohlhabender, wodurch ihre Ausgabenfreude beflügelt wurde. Ab dem Jahr 2000 lösten steigende Immobilienpreise die Aktien bei der subjektiven Wahrnehmung des eigenen Wohlstands ab.

Noch einleuchtender erscheint aber diese Begründung für das wachsende Leistungsbilanzdefizit seit Mitte der 90er Jahre: Weil die Zinsen niedrig und Kredite überall und leicht verfügbar waren, haben die US-Konsumenten ihre Verbrauchsausgaben zehn Jahre lang gesteigert, und zwar auch dann noch, als die US-Wirtschaft nach dem Platzen der Internetblase und den Terroranschlägen vom 11. September in eine Rezession abglitt. Dies wäre nach herkömmlichem Verhaltensmuster eine Zeit der finanziellen Konsolidierung der privaten Haushaltsbudgets gewesen. Eine solche Konsolidierung hat aber nach dem Jahr 2000 – anders als während der Rezession von 1990 – nicht stattgefunden. Demnach hätte die leichte Verfügbarkeit und die aggressive Vermarktung von Krediten jeder Art eine ausschlaggebende Rolle für das Leistungsbilanzdefizit und seine Kehrseite, die wachsenden Kapitalimporte der USA seit Mitte der 90er Jahre, gespielt.

Mit ihren – kreditfinanzierten – Ausgaben haben die amerikanischen Verbraucher nach dem Aktiencrash zu Beginn des Jahrzehnts die Weltwirtschaft vor einer tieferen Rezession bewahrt. Die US-Verbraucher werden deshalb auch häufig als „*consumer of last resort*" bezeichnet – als letzte Instanz der Nachfrager. Und die Welt war gern bereit, die Amerikaner dabei mit dem notwendigen Kapital zu unterstützen.

An diesem Punkt sieht David Bowers denn auch die Wurzel allen Übels. Kleinere Leistungsbilanzdefizite, so der Managing Director des Londoner Beratungsunternehmens Absolute Strategy Research, lassen sich leicht durch den Verkauf traditioneller Anlageinstrumente wie Staatsanleihen an Ausländer finanzieren. Doch das US-Leistungsbilanzdefizit ist mit fünf bis sechs Prozent des US-Bruttoinlandsprodukts nicht klein. Leistungsbilanzdefizite dieser Größenordnung lassen sich häufig nicht allein mit dem Angebot von 08/15-Finanzprodukten finanzieren, meint Bowers: „Es ist deshalb nicht überraschend, dass das US-Finanzsystem begann, ausländischen Investoren immer attraktivere ‚besicherte' Wertpapiere des Privatsektors mit ‚erstklassiger' Bonität anzubieten." Als Beleg für seine These führt Bowers an, der Anteil der

Unternehmensanleihen (traditionelle und ‚besicherte') an den Käufen privater ausländischer Investoren von langfristigen US-Vermögenswerten habe in den zwölf Monaten bis August 2007 beinahe 60 Prozent ausgemacht.[23] Mit anderen Worten: Ausländische Investoren haben in den letzten Jahren vor der Kreditkrise das US-Leistungsbilanzdefizit nur deshalb immer noch so bereitwillig finanziert, weil sie sich von den Finanzingenieuren der Wall Street in immer attraktiver erscheinende Anlagen locken ließen.

Unter Ökonomen, Finanzexperten und Politikern wird schon seit vielen Jahren darüber diskutiert, dass ein so hohes Leistungsbilanzdefizit wie das der USA auf Dauer nicht finanzierbar sein wird. Irgendwann, so die einhellige Überzeugung, werden sich die Kapitalgeber weigern, das hohe Konsumniveau der USA weiterhin mit Krediten zu finanzieren. Harvard-Ökonom Feldstein plädiert deshalb schon seit vielen Jahren für einen niedrigeren Dollar-Wechselkurs, damit Importe der USA teurer und Exporte billiger werden und das Leistungsbilanzdefizit langsam abgebaut wird.

Dieser Zeitpunkt scheint nun, mit der Finanzkrise, gekommen zu sein. Investmentstratege David Bowers erklärt: Mit der Immobilienkrise in den USA hätten die ausländischen Investoren ihr Vertrauen in die Kredit-Ratings der Rating-Agenturen und in viele auf diese Ratings gestützten „besicherten" Finanzprodukte verloren. Die Folge davon sei, dass die Investoren im Rest der Welt „die Bedingungen geändert haben, zu denen sie weiterhin bereit sein würden, Amerika die Ersparnisse ihrer Länder zur Verfügung zu stellen." Entweder müssten die Amerikaner selbst weniger konsumieren und mehr sparen – das würde Rezession bedeuten – oder die USA müssten ausländischen Investoren attraktivere Anlageangebote unterbreiten. Bowers: „Die einfachste Antwort da-

23 *David Bowers: Domestic Problem with Dire Global Consequences, Financial Times, 19. Februar 2008*

rauf ist, US-Vermögenswerte billiger zu machen – nicht zuletzt durch eine weitere Abwertung des US-Dollar.“

Das wäre ganz im Sinne von Martin Feldstein. Tatsächlich hat der Dollar gegenüber dem Euro seit Herbst 2005 bereits mehr als 30 Prozent seines Wertes eingebüßt. Doch dies – das Feldstein-Zitat sei an dieser Stelle noch einmal wiederholt – sei „nur ein Vorspiel für den viel substanzielleren Rückgang, der erforderlich ist, um das US-Leistungsbilanzdefizit zu verringern.“

Damit würde die aggressive und zum Teil skrupellose Kreditvergabe amerikanischer Banken in den vergangenen Jahren endgültig zu einem globalen Problem werden – soweit internationale Banken und andere Investoren nicht ohnehin schon unter den Verlusten aus hypothekenbesicherten US-Anleihen zu leiden haben.

Die amerikanische Notenbank arbeitet längst daran. Natürlich geht es den amerikanischen Währungshütern bei ihren entschlossenen Aktionen seit August 2007 in erster Linie darum, das US-Finanzsystem vor einem Kollaps zu bewahren. Die aggressiven Leitzinssenkungen haben aber auch die Wirkung, den Dollar-Wechselkurs unter Druck zu setzen. Tatsächlich ist der Dollar seit der ersten Diskontsatz-Senkung Mitte August 2007 bis Mitte März 2008 um mehr als 16 Prozent gegenüber dem Euro abgerutscht. Und noch ist nicht auszumachen, wann und wo die Talfahrt ein Ende hat.

Über die Banken und andere Investoren hinaus, die aus US-Anlagen herbe Verluste verbuchen mussten, geraten mit dem sinkenden Dollar außerhalb der USA auch andere Wirtschaftszweige unter Druck. In China wird sich eine sinkende Exportnachfrage bemerkbar machen. Deutsche und andere europäische Exportunternehmen werden auf den Weltmärkten die gestiegene Wettbewerbsfähigkeit ihrer US-Konkurrenten zu spüren bekommen.

Die Entscheidung darüber, wie weit und wie lange der Dollar-Kurs noch sinken wird, liegt allerdings nicht allein bei der amerikanischen Notenbank oder der Regierung in Washington. Private Investoren außerhalb der USA sowie Notenbanken und Regierungen im Rest der Welt haben da ein gewichtiges Wort mitzureden.

Vor allem Notenbanken und Regierungen außerhalb der USA haben es in der Hand, den Dollar-Kurs zu beeinflussen. Denn sie sind schon seit einiger Zeit die wichtigsten Käufer von Anlagen in den USA. Schon im Januar 2006 stellte Martin Feldstein fest, dass es nicht etwa private Anleger sind, die das US-Leistungsbilanzdefizit finanzieren: „Ich glaube, dass der Kapitalimport ... in erster Linie, wenn nicht zum überwiegenden Teil von Regierungen oder Institutionen kommt, die im Auftrag von Regierungen handeln." Anders lautende Zahlen des US-Finanzministeriums werden laut Feldstein dagegen falsch interpretiert: „Die Angaben über Kapitalimporte aus ‚privaten' Quellen übertreiben die tatsächlichen Privatinvestitionen, weil hier nicht unterschieden wird, ob ein Privatinvestor auf eigene Rechnung kauft oder ob eine private Institution im Auftrag einer Regierung kauft." Wenn also die chinesische Regierung US-Staatsanleihen über eine private Bank kauft, werde dies vom US-Schatzamt als privater Kauf gewertet.[24]

Natürlich „kann jeder Privatanleger und jede Regierung seine Dollar-Anlagen in andere Währungen umschichten", meint Harvard-Ökonom Feldstein, allerdings „können sie das nur, wenn jemand anderes außerhalb der USA willens ist, diese Dollar-Anlagen zu kaufen." Denn die USA sind nicht in der Lage, den Investoren diese Anlagen abzukaufen. Im Gegenteil: Das Leistungsbilanzdefizit der USA ist zwar im Jahr 2007 etwas geschrumpft, doch bis auf Weiteres müssen ausländische Anleger auch weiterhin große Mengen Kapital

24 *Martin Feldstein: Uncle Sam's bonanza might not be all that it seems, Financial Times, 9. Januar 2006*

Die größten Währungsreserven

1.	China	1.493.000.000.000 $
2.	Japan*	881.000.000.000 $
3.	Russland	470.000.000.000 $
4.	Taiwan	274.700.000.000 $
5.	Südkorea	262.200.000.000 $
6.	Indien	239.400.000.000 $
7.	Brasilien	178.000.000.000 $
8.	Singapur	157.000.000.000 $
9.	Hongkong	152.700.000.000 $
10.	Deutschland*	111.600.000.000 $
⋮		
21.	U.S.A.*	65.890.000.000 $

Quelle: CIA, World Fact Book, Stand: 31.12.2007

Foto: Photocase (Emsago)

Abb. 6: Internationale Währungsreserven
*) Schätzung für 2006; die Deutsche Bundesbank beziffert ihre Währungsreserven per Ende 2007 auf 92,545 Milliarden Euro (135,097 Milliarden Dollar). Das Federal Reserve System gibt seine Währungsreserven per Ende 2007 mit 94,6 Milliarden Dollar an.

aufbringen, um das US-Handelsdefizit zu finanzieren. Die USA können erst dann wieder als Netto-Käufer von Dollar-Vermögenswerten auftreten, wenn sie einen Leistungsbilanzüberschuss erwirtschaften. Doch dieser Fall wird so bald nicht eintreten.

Wenn aber Investoren unter den gegebenen Umständen nicht bereit sind, Dollar-Anlagen zum aktuellen Dollar-Wechselkurs zu kaufen, dann muss der Wechselkurs so weit sinken, bis die Investoren davon überzeugt sind, dass der Kurs nun den Boden erreicht hat und nicht weiter sinken wird. Oder die

Zinsen für US-Anlagen müssen steigen, und zwar so hoch, bis die Investoren die Risikoprämie für das Halten von Dollar-Anlagen als angemessen empfinden. Steigende Zinsen aber würde die US-Wirtschaft in der gegenwärtigen Krisenlage kaum verkraften können. Eine Rezession oder – wenn sie bereits eingetreten ist – eine tiefe Rezession wäre die Folge und die Konsequenzen für die Weltwirtschaft wären unabsehbar.

Wenn Feldsteins These richtig ist, dass es hauptsächlich Regierungen, Notenbanken und Staatsfonds sind, die das US-Leistungsbilanzdefizit finanzieren – und vieles scheint dafür zu sprechen –, dann stellt sich die Frage: Welche Länder sind es, die die Zukunft des US-Dollars in der Hand haben? Geht man davon aus, dass die Länder mit den größten Währungsreserven auch die größten Finanziers des Leistungsbilanzdefizits und damit die größten Gläubiger der USA sind, dann sind es vor allem China, Japan und Russland (siehe Abb. 6), die das weitere Schicksal des Dollars durch ihre Anlagepolitik mitbestimmen können.

Diese Tabelle spiegelt ein ganz anderes Kräfteverhältnis der Weltwirtschaft wider, als wir es von einer Rangliste der Länder mit den größten Bruttoinlandsprodukten oder den höchsten Pro-Kopf-Einkommen gewöhnt sind. Bei Letzteren stehen immer noch die USA unangefochten an der Spitze. Doch wenn die chinesische Regierung beschließen sollte, den Anteil des US-Dollars an ihren Währungsreserven künftig zu senken oder zu steigern, kann dies das internationale Währungsgefüge und damit die Wettbewerbsfähigkeit ganzer Volkswirtschaften gehörig durcheinanderwirbeln. Die USA haben hier mit Währungsreserven von 95 Milliarden Dollar zwar immer noch einiges Gewicht. Doch schon Länder wie Malaysia oder Algerien, Thailand oder Mexiko verfügen über einen größeren Reserveschatz und damit über mehr Einfluss auf das Währungsgefüge.

Womöglich ist es sogar ein Glücksfall, dass Regierungen und Notenbanken die größten Besitzer von Dollaranlagen sind, und nicht eine große Anzahl von privaten Investoren. Letztere neigen dazu, viel heftiger auf Kursbewegungen zu reagieren und einem Herdentrieb zu folgen. Möglicherweise ist die Tatsache, dass der Dollarkurs im Verlauf der Finanzkrise nicht schon viel stärker abgestürzt ist, dem Umstand zu verdanken, dass Notenbanker umsichtiger und rationaler mit ihren Währungsreserven umgehen.

Für den weiteren Verlauf der Finanzkrise und für die zukünftige Dollar-Kursentwicklung spielt aber nicht nur die Zusammensetzung der Währungsreserven eine wichtige Rolle. Auch die Geldpolitik der EZB beispielsweise, der Bank von England oder der japanischen Notenbank kann das Währungsgefüge beeinflussen. Würden diese zur Stützung der heimischen Wirtschaft ihre Leitzinsen senken oder sich entschließen, an den Devisenmärkten gegen den Dollar-Kursverfall zu intervenieren, so würden sie ihre eigene Währung schwächen und damit eine Dollar-Abwertung bremsen oder ganz verhindern. In diesem Fall würden die US-Exporte nicht in dem erforderlichen Umfang steigen, das US-Leistungsbilanzdefizit nicht wie erhofft schrumpfen können. Die aktuelle Wachstumsschwäche der USA würde sich dadurch verschärfen und die US-Wirtschaft endgültig in eine Rezession stürzen. Solchen Überlegungen fügt Ökonom Martin Feldstein gleich noch eine Warnung hinzu: „Jegliche Wahrnehmung [innerhalb der USA], dass die Wirtschaftspolitik anderer Länder für die Schwäche der US-Wirtschaft verantwortlich ist, würde die gegenwärtige protektionistische Stimmung im US-Kongress noch verstärken.“

Folgt man Feldsteins Argumentation, dann stehen die Chancen, weitgehend unbeschadet aus der Finanzkrise hervorgehen zu können, für Deutschland, Europa und andere

Handelspartner der USA denkbar schlecht. Zwar mögen viele Menschen in diesen Ländern denken, was Alexander Hagelücken in der „Süddeutschen Zeitung“ am 13. März 2008 in Worte fasste: „Die Gier bescherte [aggressiv Kredite verkaufenden] Instituten und ihren Aktionären lange Zeit schöne Profite. Die Folgen der Gier sollten vor allem sie selbst ausbaden.“

Tatsächlich aber sind viele, auch große amerikanische Finanzinstitute (und nicht nur amerikanische) dermaßen hart von der Krise betroffen, dass etliche von ihnen ohne das massive Eingreifen der Notenbank wohl schon ruiniert wären. Sollte dieser Fall doch eintreten, dann geriete die gesamte, weltweite Finanzarchitektur ins Wanken.

Die hoch verschuldeten Amerikaner müssen sich ohnehin darauf einstellen, den Gürtel künftig enger zu schnallen. Wenn sie fortan weniger konsumieren und stattdessen mehr sparen bzw. Kredite zurückzahlen, droht dies die US-Wirtschaft in eine Rezession zu stürzen. Diese kann umso länger und schwerer ausfallen, je tiefer das US-Finanzgewerbe in dem selbst geschaffenen Sumpf steckt und je geringer die Aussichten sind, sich bald daraus befreien zu können.

Die US-Notenbank tut ihr Bestes, diesen Sumpf alsbald trockenzulegen. Doch mit sinkenden Leitzinsen schwächt sie zugleich den Dollar. Der Rest der Welt steht deshalb vor der Alternative, über den Transmissionsriemen eines sinkenden Dollar-Kurses einen Teil der Folgen der amerikanischen Immobilien- und Kreditkrise mittragen zu müssen oder die USA noch tiefer in den Rezessionssumpf absinken zu lassen. Bei der ersten Variante gibt es vielleicht noch allerhand Stellschrauben, an denen Notenbanker und Regierungen drehen können, um die Folgen für Unternehmen und Verbraucher ihrer jeweiligen Ländern einigermaßen in Grenzen zu halten. Das Abgleiten der USA in eine schwere und längere Rezession hätte für die Weltwirtschaft dagegen kaum kalkulierbare Konsequenzen.

Die Folgen der Finanzkrise für Deutschland

Im Frühjahr 2007 herrschte in der deutschen Wirtschaft Aufbruchstimmung. Im zweiten Halbjahr 2006 hatte sich die Wachstumsdynamik deutlich beschleunigt. Mit einer Jahresrate von über drei Prozent ist die deutsche Wirtschaft sogar deutlich schneller gewachsen als die US-amerikanische. Stellvertretend für andere Lagebeurteilungen sei hier der Konjunkturbericht des Bundesverbands Deutscher Banken vom Februar 2007 zitiert: „Sowohl der konjunkturelle Schwung zum Jahresende als auch die nationalen und internationalen Konjunkturindikatoren deuten für 2007 auf ein weiterhin positives konjunkturelles Umfeld in Deutschland und im überwiegenden Teil der Weltwirtschaft hin ... Der Aufschwung wird sich daher 2007 fortsetzen."

Bundeswirtschaftsminister Michael Glos glaubte: „Wir haben allen Grund, mit Optimismus nach vorn zu blicken." An dieser Einschätzung änderte sich bis zum Sommer 2007 nichts: „Der konjunkturelle Aufschwung setzt sich fort ... Ernsthafte binnenwirtschaftliche Verspannungen, die den Aufschwung dämpfen könnten, sind gegenwärtig noch nicht auszumachen", hieß es im Monatsbericht des Ministeriums vom Juli 2007. Für die USA stellte derselbe Bericht aber schon fest: „Die US-amerikanische Wirtschaft hat ... einen flacheren Wachstumspfad eingeschlagen ... Die Anpassungsprozesse im Immobiliensektor zeigen hier offenbar allmählich leichte Bremsspuren."

Der Ifo-Geschäftsklimaindex wies im Juli auf eine zwar leicht abgeschwächte, aber noch immer gute Stimmung in der Wirtschaft hin. Das Statistische Bundesamt bescheinigte der Wirtschaft im ersten Halbjahr eine anhaltende Dynamik mit realen Wachstumsraten von 3,4 Prozent im ersten und 2,5 Prozent im zweiten Quartal 2007.

Ab Mitte Juli brachen die Aktienkurse ein. Der DAX verlor innerhalb von nur zwei Wochen mehr als 7,5 Prozent. Am 27. Juli, ein Freitag, meldete die „Süddeutsche Zeitung“: „Die Immobilienkrise in den USA hat am Donnerstag ein Beben an den internationalen Finanzmärkten ausgelöst.“

Am gleichen Tag kündigte die Deutsche Bank die Kreditlinien für die Gesellschaft Rhineland Funding, die ihren Sitz im US-Bundesstaat Delaware hat und der IKB gehört. Danach informierte die Deutsche Bank das Bundesaufsichtsamt für Finanzdienstleistungen. Wie sich in der Krisensitzung am darauffolgenden Wochenende herausstellte, hatte die Mittelstandsbank ein Geschäftsvolumen von mehr als 13 Milliarden Euro in die Rhineland Funding und einen weiteren Fonds ausgelagert und dafür hypothekenbesicherte Anleihen gekauft. Die Berücksichtigung der in diesen Papieren enthaltenen Risiken hätte der Bank nach aktueller Marktlage einen Verlust von 2,3 bis 2,5 Milliarden Euro beschert. Am Ende der Krisensitzung erklärte sich die Kreditanstalt für Wiederaufbau (KfW), die zu 38 Prozent an der IKB beteiligt ist, bereit, Liquiditätshilfen von bis zu 8,1 Milliarden Euro für die IKB bereitzuhalten. 30 Prozent dieser Bürgschaft wurden von den Bankenverbänden getragen. Der IKB-Vorstandsvorsitzende Stefan Ortseifen nahm seinen Hut.

Doch das war noch nicht das Ende vom Lied. Der Klagegesang von der Rettung der ins Wanken geratenen Bank ist mehrstrophig. Nachdem die Rhineland Funding rückwirkend zum 31. März 2007, dem Ende des Geschäftsjahres 2006/07, in der Bilanz des IKB-Konzerns konsolidiert worden war, tauchten neue Löcher auf. Wieder musste die KfW einspringen. Im Februar 2008 und noch einmal einen Monat später wiederholte sich das Spiel. Jedes Mal ging es um hohe, dreibis vierstellige Millionenbeträge. Schließlich benötigte die IKB eine Kapitalerhöhung, bei der wiederum der KfW als größter Aktionärin besondere Leistungen abverlangt wurden. Sie sollte sicherstellen, dass der IKB aus der Kapitalerhöhung mindestens 1,25 Milliarden Euro zufließen. Wenn viele Kleinaktionäre nicht mitziehen, wird die KfW am Ende Mehrheitsaktionärin und die IKB quasi verstaatlicht sein.

Aber was hat es nun eigentlich mit der ominösen Rhineland Funding auf sich? Was ist das für eine Gesellschaft, die der IKB derart riesige Verluste beigebracht hat, dass die – vorher als grundsolide geltende – Mittelstandsbank nicht mehr allein überleben kann?

Die im US-Bundesstaat Delaware angesiedelte Rhineland Funding Capital Corporation LLC ist ein *Conduit* – zu Deutsch: Leitungsrohr oder Pipeline. Mit diesem etwas merkwürdigen Begriff bezeichnen Banker eine Gesellschaft, die nur zu einem einzigen Zweck gegründet wird: Sie soll außerhalb der Bankbilanz Bankgeschäfte tätigen. Zweck der Rhineland Funding ist, Wertpapiere mit langen Laufzeiten, vor allem mit Krediten unterlegte Anleihen zu kaufen. Noch genauer: hochverzinsliche, amerikanische Mortgage Backed Securities, auch Subprime-MBS. Dafür wurde Rhineland mit einem kleinen Grundkapital ausgestattet. Die benötigten Mittel für den Ankauf von MBS im Volumen von mehreren Milliarden Euro verschaffte sich Rhineland durch die Ausgabe von kurzfristigen Commercial Papers – mithin durch kurzfristige Kredite. Um diesem Vehikel die notwendige Bonität für die Aufnahme von Krediten zu verschaffen, stellte die IKB ihm eine Liquiditätslinie von bis zu 8,1 Milliarden Euro zur Verfügung.

Auf gut Deutsch heißt das: Rhineland sollte den Ankauf von Wertpapieren mit langen Laufzeiten durch die Aufnahme von immer wieder zu erneuernden kurzfristigen Krediten finanzieren. Das Ganze nennt man Fristentransformation und gehört zum normalen, wenngleich nicht ganz risikolosen Geschäft einer Bank. Solche Geschäfte sind lukrativ, wenn der Akteur für die aufgenommenen Kurzfrist-Kredite weniger Zinsen bezahlen muss, als er aus den gekauften langfristigen Wertpapieren einnimmt. Und das ist meistens der Fall. Nur in wenigen und zumeist kurzen Phasen, wenn eine Notenbank mit hohen Leitzinsen einen überschäumenden Konjunkturaufschwung bremsen oder eine zu starke Inflation eindämmen will, sind kurzfristige Kredite teurer als langfristige.

Wenn dies aber zum normalen Bankgeschäft gehört – warum haben die Banken es in eine bilanzexterne Tochtergesellschaft ausgelagert? Weil Banken jedes ihrer Geschäfte mit einer bestimmten Menge an Eigenkapital unterlegen müssen. Eigenkapital aber ist knapp und kostet Geld, zum Beispiel Zinsen oder Dividenden. Außerhalb der Bankbilanz kann eine Zweckgesellschaft ein viel größeres Rad drehen. Das lässt sich leicht an den Zahlen der Rhineland Funding ablesen.

Zum Stichtag 31. März 2007 betrug das Investmentportfolio der Rhineland Funding 12,7 Milliarden Euro. Ein weiteres Conduit der IKB, Rhinebridge, übernahm im Juni 2007 ein von der IKB aufgebautes Portfolio im Volumen von 2,4 Milliarden US-Dollar (ca. 1,6 Milliarden Euro). Die Größenordnung der Summe beider Portfolios von 14,3 Milliarden Euro wirkt besonders eindrucksvoll, wenn man sie zur Bilanzsumme des IKB-Konzerns von 63,5 Milliarden Euro (Stand: 31.3.2007) ins Verhältnis setzt. Entsprechend hart waren die Folgen für die IKB, als der Markt für handelbare Kreditportfolios Mitte 2007 wie ein Kartenhaus zusammenbrach.

Nach Recherchen der Hans-Böckler-Stiftung hat von den deutschen Banken neben der IKB nur die SachsenLB ein vergleichbar großes Volumen an ausstehenden Asset Backed Commercial Papers (ABCP), die als Finanzierungsvehikel für den Ankauf von verbrieften Kreditportfolios fungierten. Für die nach der Bilanzsumme mehr als 25-mal größere Deutsche Bank hat die Hans-Böckler-Stiftung nur ein ABCP-Volumen von gut elf Milliarden Euro ausgemacht.

Dass Conduits für Banken ein Problem darstellen können, ist seit Langem bekannt. In der „neuen Basler Eigenkapitalverordnung“ für Banken, auch unter dem Kürzel „Basel II“ bekannt, ist deshalb vorgesehen, dass Banken ihre Conduits (auch „Special Investment Vehicles“ – SIVs genannt) in der Bilanz konsolidieren müssen. Das bedeutet, dass eine Bank das Geschäftsvolumen eines Conduits mit einem angemessenen Eigenkapital unterlegen muss. Und die Risiken der Conduit-Geschäfte und der Garantien, die die Banken ihren Conduits mit auf den Weg gegeben haben, müssen nach den Basel-II-Regeln im Geschäftsbericht ausgewiesen werden. Eigentlich hätten die Basel-II-Regeln in der Europäischen Union bereits zum 1. Januar 2007 in Kraft treten sollen. Umsetzungsprobleme verzögerten jedoch die Anwendung der neuen Regeln. Tatsächlich müssen die Banken sie nun erst seit Anfang 2008 anwenden.

Die Regulierungslücke vor dem 1. Januar 2008 ist fatal: „Herrenlos schwebten die Vehikel [Conduits] durch Zeit und Raum“, schilderte BaFin-Chef Jochen Sanio die Situation auf dem Neujahrsempfang 2008 seines Hauses, „am Leben gehalten durch eine kurzfristige Refinanzierung in Form von Commercial Papers. Die meisten Banken – auch die deutschen – wähnten sich in dem Glauben, für nichts verantwortlich zu sein, sollten die Zeiten schlechter werden, und sollte das Verbriefungskonzept unter Druck geraten. Deshalb nannten sie sich in diesen Verbriefungskonstruktionen auch ‚Sponsoren‘, wahrscheinlich in der Annahme, sie seien eine Art ‚Gönner‘ der Vehikel – und zwar solche, die nicht Geld auswerfen, sondern einnehmen.“

Ein Irrtum, wie sich bald herausstellen sollte, und dieser Irrtum habe, meinte Sanio, auch an mangelnden Sprachkenntnissen gelegen. Launig fuhr er beim Neujahrsempfang in seiner Rede fort: „Ach, hätten die Banker doch Latein gekonnt! Dann hätten sie gewusst, dass sie sich als ‚Sponsor' in die Rolle eines ‚Bürgen' begeben hatten, und der hatte schon im alten Rom nichts zu lachen. Das harte Los von Bürgen, wie es aus dem römischen Recht überkommen ist, hat der deutsche Volksmund in das Rechtssprichwort ‚Bürgen soll man würgen' gekleidet. Genau das taten die Finanziers der Vehikel dann auch, als im vergangenen Sommer plötzlich Schluss mit lustig war."

Als bei der IKB plötzlich Schluss mit lustig war, übernahmen dann doch erst einmal wieder die Gesundbeter das Zepter. Zwei Tage nach der ersten Rettungsaktion von Ende Juli 2007 stellte Bundesbank-Präsident Axel Weber fest: „Befürchtungen bezüglich einer Bankenkrise in Deutschland entbehren jeder Grundlage ... Die Weltwirtschaft ist weiterhin auf einem robusten Expansionspfad ... Auch in Deutschland sind die Wirtschaftsperspektiven unverändert günstig."

Gleichwohl war schon davon die Rede, dass wohl auch andere deutsche Banken zu Opfern der US-Immobilienkrise werden könnten, allen voran die öffentlich-rechtlichen. Deshalb schwindet auch innerhalb der Europäischen Währungsunion das Vertrauen der Banken untereinander. Am Interbanken-Geldmarkt stiegen die Zinsen in der ersten Augusthälfte dramatisch an. Am 9. August pumpte die EZB zwar mit einem so genannten „Schnelltender" 95 Milliarden Euro in den Geldmarkt, doch die Zinsen stiegen weiter. Die Sätze für Dreimonatsgeld, die sich üblicherweise an dem unverändert auf vier Prozent liegenden EZB-Leitzins orientieren, stiegen danach bis auf 4,7 Prozent – ein unübersehbares Signal für eine ernste Liquiditätskrise am Interbankenmarkt.

Nach dem IKB-Debakel sind auch die Bankaufseher hellhöriger geworden. Mitte August 2007 hieß es zwar bei der SachsenLB noch: „Wir haben keine Liquiditätsprobleme. Wir können alle unsere Forderungen erfüllen.“[25] Doch die Finanzaufsicht war längst im Hause und prüfte eine 13 Milliarden Euro schwere Zweckgesellschaft des Konzerns. Ein paar Tage später brannte es unter dem Dach der kleinen SachsenLB: Die der Landesbank gehörende Ormond Quay Funding konnte unter den angespannten Bedingungen am Kreditmarkt ihr Geschäft nicht mehr refinanzieren. Jetzt hätte die SachsenLB einspringen müssen. Doch die war überfordert. Die sächsische Landesbank konnte nur mit einer Kreditlinie der anderen Landesbanken im Volumen von 17 Milliarden Euro und einer Garantie des Landes Sachsen am Leben erhalten werden.

Wie schon bei der IKB waren es nicht etwa die Verluste aus dem Wertverfall der US-Hypothekenpapiere, die die SachsenLB in den Ruin zu treiben drohten. Die sind zwar schmerzhaft gewesen, wären aber womöglich noch zu verkraften. Vielmehr weigerten sich die bisherigen Kreditgeber der Ormond Quay, dieser weiterhin die notwendigen Refinanzierungsmittel zur Verfügung zu stellen. Wenn aber diese kurzfristigen Kredite ausblieben, müsste die Gesellschaft die Wertpapiere, in die sie die Kreditmittel investiert hatte, umgehend verkaufen. Doch diese Wertpapiere, US-Hypothekenanleihen, wollte niemand mehr kaufen. Der Markt dafür war tot. Deshalb müsste jetzt die SachsenLB mit einer Liquiditätsspritze aushelfen. Doch die benötigten 17 Milliarden Euro waren für die SachsenLB mit einer Bilanzsumme von 68 Milliarden Euro zu viel; diese Mittel konnte sie nicht aufbringen, weil alle Banken einander so sehr misstrauen, dass sie sich gegenseitig kein Geld mehr ausleihen. Aus dem „Sponsor“ ist ein „Bürge“ geworden, aus der US-Immobilienkrise eine internationale Kreditkrise und

25 *Teile des Kreditmarktes zusammengebrochen, Süddeutsche Zeitung, 13. August 2007*

eine globale Vertrauenskrise des Finanzsektors – „die härteste Vertrauenskrise der vergangenen Jahrzehnte“, stellte Bankaufseher Jochen Sanio später fest.

Was bei der SachsenLB geschah, ist symptomatisch für alle Kredit-Kartenhäuser, die während der Jahre zuvor im Finanzsektor entstanden sind: Wenn Ormond Quay zusammenbricht, fällt der Image-Schaden auf die SachsenLB als Eigentümerin zurück. Fällt die SachsenLB, dann wird das Ansehen des gesamten Sparkassensektors und darüber hinaus des Finanzplatzes Deutschland schwer in Mitleidenschaft gezogen. Obendrein war das Land Sachsen mit seiner Garantie, für alle Verbindlichkeiten seiner Landesbank einzustehen, gefordert. Das verlieh der Rettungsaktion zugleich eine politische Dimension.

Die an der Rettungsaktion Beteiligten wussten um diese Zusammenhänge. Deshalb sind sie erpressbar und sie werden erpresst. Deshalb stellte ein Pool des Sparkassensektors der SachsenLB-Tochter die notwendigen Mittel von 17,3 Milliarden Euro zur Verfügung, und das Land Sachsen musste die Rolle des Bürgen übernehmen. Am 26. August wurde das Institut an die Landesbank Baden-Württemberg (LBBW) verkauft.

Nur wenige Tage später kamen neue Tatsachen auf den Tisch. Weitere Conduits in Dublin und Leipzig tauchten auf. Insgesamt wurde das Geschäftsvolumen von insgesamt 13 außerhalb der Bilanz geführten Zweckgesellschaften auf bis zu 46 Milliarden Euro beziffert. Der Vorstand wurde ausgewechselt. Auch Sachsens Finanzminister Horst Metz reichte seinen Rücktritt ein.

Der Vertrauensschaden reichte aber noch weiter. Das Wort von „unfähigen Bankern“ machte die Runde, die von den Geschäften, auf die sie sich eingelassen haben, nichts verstehen. Der Begriff reiht sich ein in die lange Serie von

Managerkritiken: Massenentlassungen trotz Rekordgewinn, exorbitante Managergehälter, Manager amüsieren sich mit Prostituierten, Korruption im Management; später kommt noch Steuerhinterziehung der Zumwinkels & Konsorten hinzu. Natürlich griff auch die Politik das Thema auf: „Wenn das Versagen von Spitzenkräften mit Phantasieabfindungen vergoldet wird, dann untergräbt das das Vertrauen in das soziale Gleichgewicht unseres Landes", erklärte Bundeskanzlerin Angela Merkel im Dezember 2007 auf dem Bundesparteitag der CDU. In die gleiche Kerbe schlug Bundesfinanzminister Peer Steinbrück: „Wenn nur noch von Bankmanagern die Rede ist, die sich verantwortungslos an einem Rattenrennen nach kurzfristiger Rendite beteiligt haben, frei nach dem Motto ‚Der Fisch sieht nur den Köder, den Haken sieht er nicht' – ohne dabei zu hinterfragen, ob sie dafür die notwendige Kompetenz und Übersicht mitbringen... In der allgemeinen Wahrnehmung verdichten sich diese Vorfälle dann zu einem Konglomerat an Gier, Dekadenz und Maßlosigkeit, das das Fundament unserer Gesellschaft auf Dauer gewaltig aushöhlt."[26]

Wenn es um Fehlspekulationen, Skandale und Affären geht, dauert es nicht lange, bis der Name WestLB auftaucht. Ende der 90er Jahre machte die Bank mit der Flugaffäre negative Schlagzeilen. Es war die Endzeit der zwei Jahrzehnte währenden Herrschaft von Friedel Neuber über das Zentralinstitut der rheinischen und der westfälischen Sparkassen. Neuber pflegte stets beste Kontakte zu Wirtschaft und Politik und betrieb zeitweise – Hand in Hand mit der nordrhein-westfälischen Landesregierung – Strukturpolitik in dem vom Niedergang der Schwer- und Kohleindustrie gebeutelten Land. Besonders freundschaftliche Beziehungen pflegte Neuber mit Johannes Rau, dem langjährigen NRW-Ministerpräsidenten

26 *Finanzplatz Deutschland: Wachstum oder Krise? Rede des Bundesministers der Finanzen, Peer Steinbrück, im Rahmen des Colloqiums des Centers for Financial Studies am 28. Februar 2008 in Frankfurt (Main)*

und späteren Bundespräsidenten, und mit Landesfinanzminister Heinz Schleußer. Beiden stellte er für Reisen schon mal einen – auf Bankkosten gemieteten – Privatjet zur Verfügung. Weil Schleußer das Angebot auch für private Urlaubsreisen genutzt haben soll, trat er von seinem Amt zurück.

Neubers Umtriebigkeit katapultierte die Bilanzsumme der WestLB zeitweise in eine Größenordnung, die sich mit denen der größten deutschen Privatbanken messen lassen konnte. Dazu trug auch der Zukauf der britischen Investmentbank Panmure Gordon bei, mit der Neuber endgültig zu den ganz Großen der Finanzwelt aufschließen wollte. Doch damit begann auch schon das nächste Unglück: der 860-Millionen-Pfund-Kredit an das Fernseh-Leasingunternehmen Box Clever, den die Spezialistin für besonders riskante Geschäfte, Robin Saunders, schon 1999 eingefädelt hatte. Um das Geschäft zu refinanzieren, sollten die Einnahmen von Box Clever verbrieft und als Anleihe verkauft werden.

Doch bei dem Geschäft lief einfach alles schief. Erst kam die Anleihe mit Jahren Verspätung auf den Markt, dann fand die WestLB noch nicht einmal für die Hälfte der Anleihe Käufer und blieb auf 488 Millionen Pfund sitzen. Zehn Monate später informierte die Kredit-Spezialistin Saunders den WestLB-Vorstand über wirtschaftliche Schwierigkeiten bei Box Clever. Im Mai 2003 galt der Kredit als „akut ausfallgefährdet“. Nun musste Box Clever abgeschrieben werden. Bilanzieller Schaden: 486,2 Millionen Euro. Zusammen mit anderen fehlgeschlagenen Geschäften türmten sich die Verluste 2003 zu Milliardenbeträgen.

Das Geschäft hätte dem WestLB-Vorstand eine Lehre sein können für den späteren Ausflug in die Welt der US-Hypothekenanleihen. Doch Neubers Nachfolger Jürgen Sengera und andere Vorstände hatten da längst die Bank verlassen – gestolpert über die Box-Clever-Affäre. Panmure Gordon wurde verkauft, die WestLB aufgespalten.

Auch Sengeras Nachfolger Thomas Fischer war kein Glück an der Spitze der WestLB beschieden. Er befreite die Bank zwar aus dem Filz der Neuber-Jahre, doch seine Pläne, beispielsweise eine Arbeitsteilung der Landesbanken, platzten wie Seifenblasen. Es blieben Zweifel am Geschäftsmodell der Bank. Auch Fischer blieb letztendlich den Beweis schuldig, dass das Geschäft mit dem unternehmerischen Mittelstand und auf dem internationalen Parkett gewinnbringend betrieben werden kann. Stattdessen verstrickte sich die Bank in gewagte Geschäfte, von denen eines im Frühjahr 2007 platzte. Zwei Mitarbeiter der Bank, so hieß es zunächst, hätten sich mit Volkswagen-Aktien verspekuliert und der Bank einen Verlust von rund 100 Millionen Euro beigebracht. Als die Zweifel wuchsen, dass die Händler eigenmächtig gehandelt und obendrein gegen die Regeln der Bank verstoßen hätten, schlug auch Fischers letztes Stündlein als Bankchef.

Nur Tage später schloss die für Vermögensverwaltung zuständige Tochter WestLB Mellon einen Investmentfonds, der sich auf Asset Backed Securities spezialisiert hatte, mithin auf Anlagen, die durch Vermögenswerte abgesichert waren. Der „WestLB Mellon Compass Fund: ABS Fund“, für den die Bank auch bei privaten Investoren geworben hatte, musste innerhalb einer Woche einen Wertverlust von 2,4 Prozent verbuchen. Als Anleger vermehrt Fondsanteile zurückgaben, wurde der Fonds geschlossen.

Ende August 2007, nur einen Monat nach Fischers unrühmlichem Abgang, bezifferte die WestLB den Schaden aus missglückten Geschäften im Eigenhandel – unter anderem aus den Fehlspekulationen mit VW-Aktien – auf 604 Millionen Euro. Für das Engagement am US-Hypothekenmarkt im Volumen von 1,25 Milliarden Euro bildete die Bank eine

Rückstellung von 50 Millionen Euro mit der Bemerkung, keine größeren Ausfälle in diesem Bereich zu erwarten.

Per Ende September wies die WestLB einen höheren Verlust aus, als zunächst erwartet worden war. Im Januar 2008 hieß es dann plötzlich, das Engagement der Landesbank am US-Hypothekenmarkt habe zu wesentlich größeren Problemen geführt als bisher angenommen. Von einer dringend benötigten Kapitalspritze im Volumen von bis zu zwei Milliarden Euro war die Rede. Nach wochenlangen Verhandlungen einigten sich die Eigentümer, das Land Nordrhein-Westfalen, die Sparkassen und die Sparkassenverbände des Landes auf Bedingungen einer entsprechenden Kapitalerhöhung.

Nur Wochen später zeigte sich, dass auch dieser Betrag nicht ausreichen würde. Nun sahen sich die Eigentümer gezwungen, den Risikoschirm für die angeschlagene Bank auf fünf Milliarden Euro anzuheben. Damit konnte die WestLB riskante Geschäfte im Volumen von 23 Milliarden Euro in eine Zweckgesellschaft auslagern. Die WestLB war damit die dritte deutsche Bank, die ohne Hilfe ihrer Eigentümer an Fehlspekulationen am Markt für US-Hypothekenanleihen zugrunde gegangen wäre.

Auch bei anderen Landesbanken, so bei der BayernLB und bei der LBBW, tauchten Anfang 2008 gähnende Löcher in den Bilanzen auf. Hier waren die Verluste immerhin nicht gleich existenzgefährdend. Die privaten Geschäftsbanken Commerzbank, Dresdner und Deutsche Bank – Ausnahme: IKB – sind vom Subprime-Virus dagegen weniger infiziert worden. Natürlich taucht da die Frage auf, warum es gerade die öffentlichen Banken so hart erwischt hat.

Die Gründe sind offenbar in der deutschen Bankenstruktur mit ihren drei Säulen zu suchen: Sparkassen, Genossenschaftsbanken, private Geschäftsbanken. Die Sparkassen dominieren das so genannte Retail-Geschäft mit Privatkunden und der mittelständischen Wirtschaft. Als Marktführer sind sie einem beinharten Wettbewerb von Genossenschafts- und Privatbanken ausgesetzt. Das obere Ende des Marktes, das lukrative Investmentbanking (Übernahmefinanzierungen, Wertpapieremissionen, Börsengänge) wird von den privaten Geschäftsbanken und – im angelsächsischen Raum – den großen Investmentbanken beherrscht. Für die Landesbanken bleibt da nur ein kleiner Ausschnitt übrig, beispielsweise die Begleitung mittelständischer Unternehmen ins Ausland. Im Übrigen sollen die Landesbanken den vom Wettbewerb bedrängten Sparkassen günstige Konditionen einräumen.

Nun erscheint es angesichts der schon seit Jahren andauernden Diskussionen um das Geschäftsmodell der Landesbanken kaum originell festzustellen, der Sparkassensektor benötige für die Aufgaben, die die einzelnen Institute nicht selbst erledigen können, kaum elf Landesbanken (in sieben Konzernen). Genau deshalb laufen ja die Diskussionen um Fusionen: WestLB mit Helaba, BayernLB mit LBBW, LBBW mit WestLB und BayernLB – und so weiter.

Ergebnislos sind diese Diskussionen bisher geblieben, weil die Politik hier ein gewichtiges Wort mitzureden hat. Die jeweiligen Bundesländer gehören zu den größten Anteilseignern der Landesbanken, und kein Land will freiwillig auf seine Landesbank verzichten. Deshalb dürften etliche Fusionsgespräche in der Vergangenheit an der Frage gescheitert sein, in welchem Bundesland ein fusioniertes Institut seinen Sitz haben soll.

Auf der Ebene der Landesbanken selbst stellt sich bei einer Fusion die Frage: Wer übernimmt wen und wer leitet das fusionierte Institut. Da liegt es nahe, dass sich die einzelnen Landesbanken so etwas wie einen Stellungskrieg liefern: Welche Bank ist die Größte? Eine Landesbank mit ehrgeizigem Chef kann da leicht in die Versuchung geraten, aus dem nicht gerade margenstarken Spektrum der Aufgaben, das ihr von den Sparkassen zugewiesen worden ist, auszubrechen und ihr Heil in der großen Welt des Investmentbankings zu suchen. Diesem Drang dürften vor allem die Landesregierungen noch nachgeholfen haben. Wenn es einem Josef Ackermann bei der Deutschen Bank gelingt, nachgerade traumhafte Renditen zu erwirtschaften, dann müsste die eigene Landesbank dies doch auch schaffen, oder?

Der Boom bei den anscheinend sicheren und hoch rentierlichen US-Hypothekenanleihen kommt manchem Institut in dieser Lage wohl gerade recht. Die „Süddeutsche Zeitung" bezeichnete die Landesbanken deshalb auch schon mal als „Spekulanten aus Verzweiflung".

Die Haltung der privaten Bankwirtschaft hilft da auch nicht weiter. Denen passt die ganze Richtung nicht, wie das Bankgewerbe in Deutschland strukturiert ist. Banken in öffentlicher Hand? Ein Sakrileg gegen die Kirche der Marktwirtschaft. Drei-Säulen-Struktur? „Passt nicht zur Dynamik der modernen Finanzwelt."[27] Stattdessen plädiert der Bundesverband Deutscher Banken für mehr Wettbewerb: „Wettbewerb führt zu den besten Ergebnissen, für die Kunden und für den Bankenstandort. Das gilt auch für Deutschland", sagt Verbandspräsident Klaus-Peter Müller. Der Kunde müsse die freie Wahl haben zwischen verschiedenen Anbietern und Geschäftsmodellen. Dabei argumentiert Müller so, als ob es Wettbewerb und die freie Wahl des Kunden bislang nicht gebe.

Das Ziel der im Bundesverband Deutscher Banken zusammengeschlossenen Privatbanken ist klar: Entlassung der Sparkassen und Landesbanken aus staatlichem Besitz und Aufweichung der Säulenstruktur, damit private Banken nicht nur untereinander fusionieren, sondern auch Sparkassen und

27 *Finanzplatz Deutschland – Quo Vadis?, Vortrag von Klaus-Peter Müller, Präsident des Bundesverbandes deutscher Banken und Sprecher des Vorstandes der Commerzbank AG anlässlich der 10. Euro Finance Week, 19. November 2007*

Genossenschaftsbanken übernehmen können. Ob es aber tatsächlich mehr Wettbewerb am Bankenmarkt Deutschland gibt, wenn dieser Markt von drei oder fünf privaten Bankkonzernen beherrscht wird? Zweifel daran müssen erlaubt sein.

Gefahren für den Aufschwung

„Der deutsche Normalbürger könnte sich fragen: Was geht mich das an?“, bemerkte zu alledem Ulrich Schäfer im August 2007 in der „Süddeutschen Zeitung“. Seine Antwort: „Er könnte sich zurücklehnen und sich von den schönen Zahlen des Aufschwungs hierzulande begeistern lassen.“ Zu diesem Zeitpunkt wusste der Kommentator des Tagesgeschehens noch nicht so recht, wie die Turbulenzen an den Finanzmärkten das Leben des Normalbürgers beeinflussen: „Aus dem fernen Grollen könnte schon bald ein Sturm werden, ein gewaltiges Gewitter, das auch über Deutschland niedergeht.“ Viele „könnte“ und „sollte“ enthielt Schäfers Kommentar.

Auch die Fieberkurven der Aktienmärkte gaben in diesem Herbst keine eindeutige Auskunft darüber, ob, und wenn ja: wann und wie Deutschland unter der Finanzkrise künftig zu leiden haben wird. Im Oktober und gegen Jahresende stieg der DAX sogar noch zweimal bis über 8.000 Punkte.

In dem im November veröffentlichten Jahresgutachten des Wirtschafts-Sachverständigenrates war zwar klipp und klar von einer Bankenkrise in Deutschland, ja von einer „massiven Krise“ die Rede, „in die das globale Finanzsystem in diesem Jahr geraten ist“. Die dadurch hervorgerufenen Turbulenzen, so der Sachverständigenrat, „trüben das weltwirtschaftliche Umfeld ein“. Dadurch würde das – bislang starke – Wachstum der Exporte abgeschwächt, stattdessen würde die Inlandsnachfrage das weitere Wirtschaftswachstum stärker stützen, meinten die Wirtschaftsweisen.

Wenn es um die Binnennachfrage geht, sind die Verbraucher gefragt. Die Arbeitslosigkeit ist seit Jahren gesunken, mehr Beschäftigte stehen in Lohn und Brot. Bundeswirtschaftsminister Michael Glos, der inzwischen begonnen hat, seine Konjunkturerwartungen für 2008 zurückzuschrauben, sagte im Oktober 2007, „die privaten Haushalte übernehmen im nächsten Jahr die Rolle des Wachstumsträgers." Da sollte die Konsumneigung der Verbraucher in der Tat steigen. Doch nach einem Hoch im Sommer bescheinigte der GfK-Konsumklimaindex der Verbraucherstimmung einen herben Dämpfer: Steigende Preise für Lebensmittel und Energie zehren die Tariferhöhungen bei Löhnen und Gehältern weitgehend auf. Beim Einzelhandel blieb die erhoffte Belebung im Herbst aus. Im Weihnachtsgeschäft gab es regelrechte Umsatzeinbrüche. Im Dezember 2007 lagen die Umsätze des Einzelhandels um fast sieben Prozent unter Vorjahresniveau. Als Ursache für den Stimmungsumschwung der Verbraucher nannten die Experten der GfK laut „Spiegel" unter anderem auch den „starken Euro sowie Turbulenzen auf den Finanzmärkten".

Bei seiner Konjunkturprognose für 2008 (Wachstum: 1,9 Prozent) ging der Sachverständigenrat allerdings von recht optimistischen Annahmen aus:

- Der Rohölpreis stabilisiere sich bei 80 US-Dollar pro Barrel – tatsächlich stieg er bis Mitte Mai 2008 auf über 125 Dollar.
- Der Wechselkurs des Euro bleibe bei 1,43 Dollar – tatsächlich stieg der Euro im Frühjahr 2008 bis auf 1,60 Dollar.
- Die Finanzierungsbedingungen der Unternehmen verschlechtern sich durch die Finanzkrise nicht spürbar; tatsächlich stellte der „Spiegel" bereits im Dezember fest, dass die Finanzkrise „die Bereitschaft und Fähigkeit der Banken beeinträchtigt, Kredite an die Wirtschaft zu vergeben". Beispielsweise müsse der Friedrichshafener Autozulieferer ZF neuerdings immer häufiger mittelständischen Lieferanten unter die Arme greifen. „Die haben jetzt oft Probleme, Geld

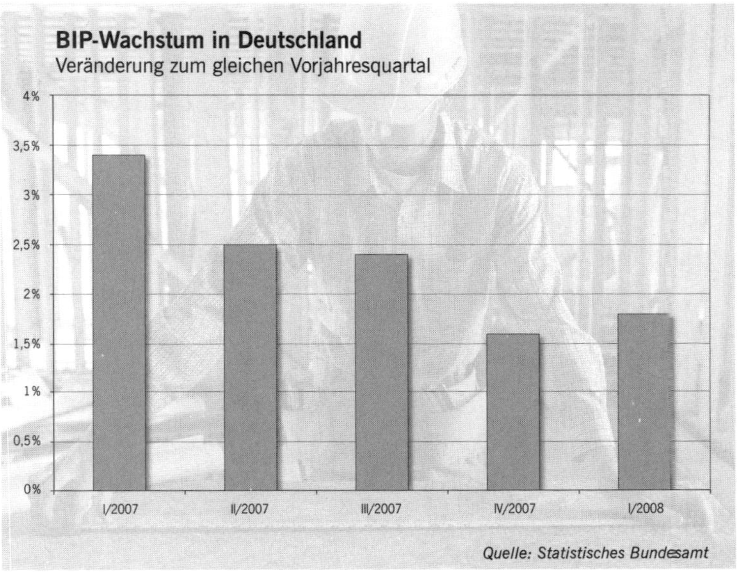

Abb. 7: Verlangsamtes Wirtschaftswachstum in Deutschland

von der Bank zu bekommen", wurde ZF-Finanzvorstand Willi Berchtold zitiert.(28)

• Die Immobilienkrise führe in den USA nicht zu einer Rezession – tatsächlich waren viele Konjunkturexperten davon überzeugt, dass die US-Wirtschaft Anfang des Jahres 2008 schrumpft – und dies noch, bevor konkrete Daten vorliegen.

Die Folge der ungünstigeren Bedingungen war, dass sich das Wirtschaftswachstum in Deutschland schon im letzten Quartal 2007 deutlich verlangsamte (siehe Abb. 7).

Während im Herbst 2007 aus den Buchhaltungen der Banken weltweit immer neue Hiobsbotschaften an die Öffentlichkeit drangen, spannte sich die Lage an den Geldmärkten zum Jahresende hin erneut stark an. Vor dem Bilanzstichtag,

28 *Banken auf der Bremse, Der Spiegel 49/2007, 3.12.2007*

so hieß es, leihen die Banken einander noch weniger aus als zuvor schon. Jedes Institut behält die Liquidität lieber im eigenen Haus, statt durch Ausleihungen noch ein paar Millionen an Zinseinnahmen zu verdienen. Unter den Bankmanagern ging jetzt die Angst um, ausgeliehene Mittel womöglich nicht mehr zurückzubekommen. Der Interbanken-Zinssatz für Dreimonatsgeld stieg im Euroraum bis Mitte Dezember auf über 4,9 Prozent – der Unterschied zum EZB-Leitzins von unverändert 4,0 Prozent erreichte einen Rekordwert. Weil damit die Gefahr erheblich gestiegen war, dass eine eigentlich zahlungskräftige Bank nicht die notwendigen kurzfristigen Mittel beschaffen kann, entschloss sich die Europäische Zentralbank zu einem Befreiungsschlag. Um die Banken über den Bilanzstichtag am Jahresende liquide zu halten, stellte die EZB den Banken kurzfristig über den Jahresultimo den Rekordbetrag von 350 Milliarden Euro zur Verfügung. Ähnlich handelten die Notenbanken anderer Länder.

Allerdings mussten die Banken der EZB das Geld Anfang Januar 2008 schon wieder zurückzahlen, damit es nicht in den Wirtschaftskreislauf gelangt und dort inflationär wirkt.

Vor dem Jahreswechsel zeichneten Umfragen und Konjunkturprognosen ein weniger zuversichtliches Wirtschaftsbild. Die verhaltene Binnennachfrage, so der Bundesverband der Deutschen Industrie (BDI) über die Ergebnisse seiner Herbstumfrage, habe die Geschäftserwartungen der mittelständischen Industrie und der Familienunternehmen eingetrübt. Anfang Dezember 2007 erklärte Bundeswirtschaftsminister Michael Glos, dass die Dynamik des Aufschwungs in Deutschland „unter dem Eindruck einer sich abschwächenden US-Konjunktur, des schwachen Dollar und des hohen Ölpreises nachlassen könnte.“ Deshalb werde das Ministerium seine Wachstumsprognose von 2,0 Prozent für 2008 überprüfen. Im Jahreswirtschaftsbericht 2008, der im

Januar veröffentlicht wurde, wurde die Wachstumsprognose auf 1,7 Prozent reduziert. Auch das Münchener Ifo-Institut, das Institut für Weltwirtschaft in Kiel, das Hamburger Weltwirtschaftsinstitut und die Deutsche Bundesbank senkten im Dezember ihre Wachstumsprognosen auf Werte zwischen 1,7 und 1,9 Prozent. Alle gemeinsam erwarteten jedoch, dass die deutsche Wirtschaft weiter wächst, wenn auch mit verhaltenerem Tempo.

Das Jahr 2008 begann mit einem Paukenschlag: Am 2. Januar stieg der Preis für die Rohölsorte West Texas Intermediate kurzzeitig auf 100 Dollar. Zum ersten Mal wurde Rohöl so teuer gehandelt. Ein kleiner Schock für alle Verbraucher. Zwar haben sich in den Jahren und Monaten zuvor die Autofahrer an steigende Benzinpreise gewöhnt und die Kommentare dazu gelesen: Der aufkommende Wohlstand in so bevölkerungsreichen Schwellenländern wie China und Indien habe die Nachfrage nach Rohöl dramatisch gesteigert. Hinzu kommen geopolitische Spannungen.

Doch immer häufiger tauchen in den Zeitungsspalten jetzt Berichte darüber auf, dass sich Finanzinvestoren verstärkt der Spekulation mit Rohstoffen zuwenden. Hedge Fonds, die zuvor mit Kreditderivaten ihr Glück versucht haben, setzen nach dem Platzen der Immobilienspekulationsblase in den USA, dem Ausbruch der Kreditkrise und dem einsetzenden Verfall des Dollar-Wechselkurses lieber auf Rohstoffe wie Gold, Silber und Rohöl. Schon im September hieß es beispielsweise in der „Süddeutschen Zeitung“: „Vieles deutet nach Ansicht von Londoner Analysten darauf hin, dass der Rekordpreis“ für Rohöl „auf Spekulation zurückgeht.“ Und weiter hieß es in dem Bericht: „Analysten schätzen, dass allein die Banken Goldman Sachs und Morgan Stanley im Energie- und Rohstoffhandel 2006 auf mehr als zwölf Milliarden Dollar Umsatz kamen."(29)

Im Oktober 2007 wies OPEC-Präsident Mohammed bin Dhaen al-Hamli auf einer Konferenz in London darauf hin, dass der Ölpreis immer stärker von anderen Kräften als von Angebot und Nachfrage bestimmt wird: „Die Ölmärkte werden zunehmend durch Kräfte beeinflusst, die jenseits der Kontrolle durch die OPEC liegen, beispielsweise durch geopolitische Ereignisse oder den wachsenden Einfluss von Finanzinvestoren." Die Frage, ob eine Steigerung der OPEC-Produktion um 500.000 oder eine Million Barrel pro Tag den Preis nach unten drücken würde, stellte al-Hamli selbst. Seine Antwort: „Ich glaube nicht." Und er verwies darauf, dass sich die Preise vom Rohöl-Angebot weitgehend abgekoppelt haben.(30)

In die gleiche Richtung argumentierte Peter Voser, Finanzchef von Royal Dutch Shell. Seiner Einschätzung nach wird der Ölpreis durch politische Spannungen und durch Spekulationen getrieben.(31) Die gleiche Argumentation tauchte im Februar in einem Bericht der Nachrichtenagentur „Reuters" auf, als die Unze Feingold erstmals zu Preisen über 1.000 Dollar gehandelt wurde: „Wegen des Verfalls des US-Dollars suchten Investoren nach alternativen Anlagemöglichkeiten, begründeten Händler den Run auf das Edelmetall. Die Anleger ziehen sich aus dem Dollar zurück, weil sie eine stärkere Abschwächung der Konjunktur und ein Anziehen der Inflation in den USA befürchten, sowie noch schlimmere Folgen der US-Hypothekenkrise. Das Geld fließt damit verstärkt in den Euro mit seinem höheren Zinsniveau sowie in ‚sichere Häfen' wie Gold. Auch der Rohöl-Markt ist deshalb verstärkt zu einer Arena für Spekulanten geworden."

29 *Vom Immobilien-Lotto zum Rohstoff-Roulette, Süddeutsche Zeitung, 4.9.2007*
30 *Oil Leaders Say Prices Are Not Their Fault, New York Times, 30.10.2007*
31 *Oil prices driven by speculation and political tension, says Shell, Financial Times, 26.10.2007*

Der Goldpreis kann den Verbrauchern in Deutschland, die nicht gerade einen Ehering oder ein anderes Schmuckstück kaufen wollen, weitgehend egal sein. Nicht aber der Ölpreis. Ein steigender Ölpreis verteuert nicht nur das Autofahren, sondern auch die Heizkosten und die Stromrechnung. Weil der Preis für Erdgas in Deutschland an den Heizölpreis gekoppelt ist, bleiben nicht einmal notorische Radfahrer, die ihre Wohnung mit Erdgas beheizen, von steigenden Rohölpreisen unbehelligt. Was aber die Verbraucher für Energie und Energierohstoffe ausgeben, steht für andere Konsumausgaben nicht mehr zur Verfügung. Da wäre es umso bitterer, wenn es stimmt, dass es vor allem Spekulanten sind, die den Ölpreis so in die Höhe treiben – womöglich gar Spekulanten, die zuvor mit Subprime-Hypothekenanleihen eine Bruchlandung erlitten haben und nun mit Gewinnen am Ölmarkt ihre Schäfchen ins Trockene bringen wollen.

Mit einigem Wohlwollen lässt sich an den Preisbewegungen für Rohöl, Gold und Silber tatsächlich ein steilerer Anstieg ausmachen, seit die US-Kreditkrise im Juli vergangenen Jahres begann. Gesicherte Erkenntnisse liefern solche Kurven allerdings nicht (Abb. 8).

Beweise für solche Theorien gibt es ohnehin nicht. Licht in das Dunkel der Einflüsse auf die Preisbildung am Rohölmarkt sollte im März 2008 eine eigens zu diesem Zweck einberufene Konferenz der Internationalen Energieagentur (IEA) bringen. Im Bericht der IEA hieß es: „Die Meinungen zu diesem Thema waren ebenso pointiert wie vielfältig. Dadurch wurde deutlich, dass es keine einfache Erklärung für steigende Ölpreise gibt und dass die unterschiedlichen Einflussfaktoren in der Zeit zu- und abnehmen können ... Während der vergangenen Jahre wurden zwar stark wachsende Geldbewegungen registriert, die Komplexität des Zusammenwirkens der unterschiedlichen Marktteilnehmer macht es aber schwierig, gesi-

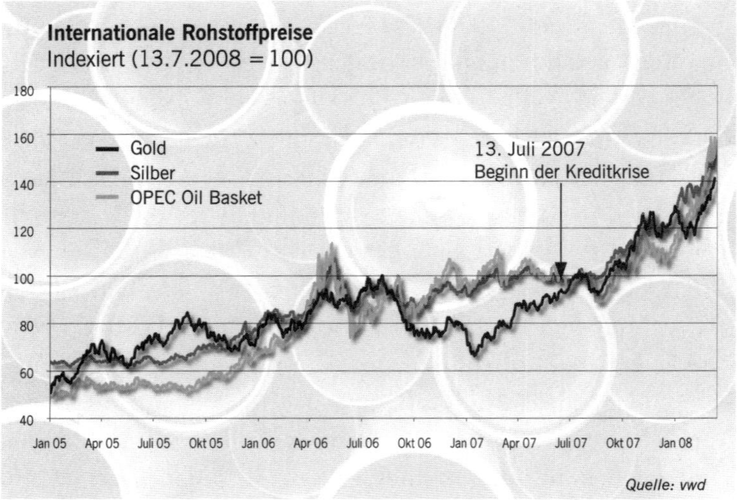

Abb. 8: Entwicklung der internationalen Rohstoffpreise zwischen 2005 und 2008

cherte Rückschlüsse auf den Einfluss von Finanzinvestments zu ziehen."(32) Als absurd wurde dort aber die These, Spekulanten trieben den Ölpreis in die Höhe, offenbar auch nicht verworfen.

An den Aktienbörsen waren die Anleger zum Jahreswechsel 2007/08 noch ziemlich guter Stimmung. Der DAX überschritt abermals die 8.000-Punkte-Linie. Im neuen Jahr aber änderte sich die Stimmung. Erst langsam, dann immer schneller stürzten die Kurse ab. Am 21. Januar schließlich kam es zu regelrechten Panikverkäufen. Europaweit brachen die Kurse dramatisch ein. Der Index der Londoner Börse FTSE 100 verlor 5,5 Prozent, der DAX 7,2 Prozent und der Euro-Aktien-Index EuroStoxx 50 sackte um 7,3 Prozent ab.

Wenige Tage später meldete die Pariser Großbank Société Générale, einer ihrer Börsenhändler habe der Bank durch Fehlspekulationen einen Verlust von knapp fünf Milliarden

32 *Pressebericht vom 17. März 2008, www.iea.org*

Euro beigebracht. Derivate-Händler Jérôme Kerviel habe riesige Beträge auf steigende Aktienkurse gesetzt, so hieß es, und verloren. Darüber hinaus müsse die Bank wegen der US-Immobilienkrise weitere 2,1 Milliarden Euro abschreiben. Tage später kursierten Gerüchte, die Aktienkurse seien am 21. Januar deshalb so stark abgestürzt, weil die Pariser Bank Kerviels Verlustpositionen glattstellen ließ und massenweise Kontrakte auf den DAX verkauft habe. Diese Verkäufe seien es vor allem gewesen, die die Panik an den Börsen ausgelöst haben.

Trotz Börsencrash und Anlegerpanik – die Bundesregierung sieht die deutsche Wirtschaft weiterhin auf Kurs. „Es gibt keine Anzeichen für eine Rezession in Deutschland“, sagt Bundeskanzlerin Angela Merkel. Und Bundesfinanzminister Peer Steinbrück assistiert: „Es macht keinen Sinn, jetzt nervös zu werden.“ Die Auftragsbücher der Unternehmen seien noch immer gut gefüllt. Nur bei wenigen Ökonomen tauchen Sorgenfalten auf der Stirn auf. So wurde Dennis Snower, Präsident des Kieler Instituts für Weltwirtschaft, bereits Ende Januar mit den Worten zitiert: „Je länger die US-Immobilienkrise anhält, desto größer ist auch die Gefahr, dass es zu einer Weltwirtschaftskrise kommt.“ Und Gustav Horn, Direktor des Düsseldorfer Instituts für Makroökonomie und Konjunkturforschung, meinte rundheraus, in Deutschland sei der Aufschwung vorbei. Im Jahr 2008 würden keine zusätzlichen Arbeitsplätze mehr geschaffen, sondern eher welche wegfallen.

Vier Wochen später fragte dann auch die Redaktion der „Wirtschaftswoche“: „Gerät Deutschland in den Abwärtssog der USA?“ Die Antwort ist ein klares „Jein“: Deutschland sei zwar mit viel Schwung in das Jahr 2008 gestartet, in der zweiten Jahreshälfte dürfte die Dynamik aber deutlich nachlassen. „Mit jeder neuen Zahl, die für eine Rezession in den USA spricht, steigt das Risiko einer Ansteckung für die Wirtschaft Europas“, heißt es in der „Wirtschaftswoche“.

Die Einfalltore für den Rezessions-Virus sind weit offen:

- **Dollarkurs:** Seit Ende des Jahres 2005 ist der Euro gegenüber dem Dollar fast ununterbrochen gestiegen. Insgesamt hat der Wert der europäischen Währung seither mehr als 30 Prozent zugelegt. Viele, vor allem große Unternehmen dürften sich die niedrigen Eurokurse von einst durch Absicherungsgeschäfte gesichert haben. Doch solche Absicherungsgeschäfte sind immer nur auf Zeit wirksam. Irgendwann beeinträchtigt der niedrige Dollarkurs dann doch die bislang hohe Wettbewerbsfähigkeit deutscher Exportunternehmen – und zwar nicht nur bei Exporten in die USA, sondern auch bei Geschäften in denjenigen Ländern, die ihre Währung an den Dollar gebunden haben, wie zum Beispiel China.

- **Exporte:** Der Effekt des starken Euros zeichnet sich bei den deutschen Exporten, die während der Jahre zuvor wichtigster Wachstumsmotor waren, bereits ab. Seit Anfang 2007 schrumpfen die Exporte in die USA, im vierten Quartal 2007 lagen die Lieferungen in die außereuropäischen Länder insgesamt erstmals niedriger als im gleichen Vorjahresquartal. Möglicherweise müssen nun auch noch die amerikanischen Verbraucher ihren Konsum einschränken – sei es, weil die angeschlagenen Banken des Landes mit Krediten knauseriger werden, sei es, weil sie ohnehin schon die allergrößte Mühe haben, ihren Zahlungsverpflichtungen wegen der hohen Verschuldung nachzukommen, oder sei es, weil wegen einer Rezession viele Arbeitnehmer ihren Arbeitsplatz verlieren. In jedem Fall wären davon auch diejenigen Länder betroffen, die bislang die US-Märkte mit billigen Massenwaren überschwemmt haben. Die Folge wäre, dass die betroffenen Unternehmen ihre Investitionen zurückschrauben und weniger Investitionsgüter aus Deutschland importieren. Auf diesem Wege könnte schon 2008 das Wachstum des gesamten deutschen Exports weiter gegen Null tendieren.

- **Binnenkonjunktur:** Wegen der nachlassenden Dynamik der Außenwirtschaft setzt die Bundesregierung nun auf Wachstumsimpulse aus der Binnennachfrage. Diese Hoffnung erhielt bereits im Dezember 2007 einen herben Dämpfer, als der Einzelhandel einen Umsatzeinbruch von sieben Prozent (preisbereinigt) verbuchen musste. Doch die Experten erhoffen sich nun von der steigenden Beschäftigung zunehmende Impulse. Die können sich allerdings nur einstellen, wenn die Deutschen weniger sparen als bisher. Denn das Masseneinkommen (Nettolöhne und -gehälter zuzüglich Sozialleistungen) der privaten Haushalte schrumpft real, das heißt nach Abzug der Inflationsrate, seit fünf Jahren. Und dies trotz einer Zunahme der Erwerbstätigkeit. Im Jahr 2007 sind sogar die verfügbaren Einkommen real geschrumpft. In dieser Kennzahl sind neben den Masseneinkommen auch die Betriebsüberschüsse von Unternehmen, die Einkommen von Selbstständigen und die Einkommen aus Vermögen enthalten. Statt weniger zu sparen und mehr für den Konsum auszugeben, neigen die deutschen Verbraucher in Zeiten der Unsicherheit aber dazu, eher noch mehr zu sparen. Bei sinkenden Einkommen und wachsender Unsicherheit ist daher von den Verbrauchern im Jahr 2008 kaum ein nennenswerter Beitrag zum Wirtschaftswachstum zu erwarten.

So robust, wie die Bundesregierung die deutsche Konjunktur gern darstellt, scheint diese demnach doch nicht zu sein. Eine Minderheit von Volkswirten plädiert deshalb schon seit Jahren dafür, die Verbraucher – und damit die Binnennachfrage – durch höhere Lohnsteigerungen stärker am Aufschwung teilhaben zu lassen.

- **Finanzmärkte**: Die Finanzkrise hat nicht nur die Banken und andere Besitzer von US-Hypothekenanleihen hart getroffen. Seit dem Kollaps des Marktes für Subprime-Hypotheken haben Banken und andere Investoren weltweit eine vollkommen neue Bewertung ihrer Risiken vorgenommen und sind aus allen Anlagen geflüchtet, die höhere Risiken beinhalten als Staatsanleihen. Vor allem die US-Banken haben zugleich ihre Kreditvergabe-Bedingungen erheblich verschärft.

Die deutschen Banken haben zwar noch im Frühjahr 2008 darauf hingewiesen, dass sie ihre Kredite an Unternehmen und Privatpersonen in der Folge der Finanzkrise nicht eingeschränkt haben. Tatsächlich weist die Deutsche Bundesbank für den Monat Januar 2008 eine Zunahme der Buchkredite gegenüber dem gleichen Vorjahresmonat um fast elf Prozent aus. Unter dem Rückzug der Investoren aus riskanteren Anlagen haben aber die Unternehmensanleihen gelitten. So berichtete beispielsweise die „Börsenzeitung" Ende März über einen schwachen Start dieses Kapitalmarktsegmentes in das Jahr 2008. So sei das Emissionsvolumen im ersten Quartal gegenüber dem gleichen Vorjahresquartal um 53 Prozent eingebrochen. „Chancen für einen Marktgang haben ... angesichts des großen Investorenmisstrauens nur gute Adressen ... Vollkommen zum Erliegen kam der europäische High-Yield-Markt." Mit anderen Worten: Nur Unternehmen mit erstklassiger Kreditwürdigkeit haben in dem unsicheren Umfeld am Kapitalmarkt überhaupt noch die Möglichkeit, Kredite aufzunehmen. Kleinere und weniger gut beleumundete Firmen dagegen, die im zweiten Quartal 2007 noch Mittel im Volumen von 16 Milliarden US-Dollar aufgenommen haben, gingen im ersten Quartal 2008 am europäischen Kapitalmarkt vollkommen leer aus. Und diejenigen Unternehmen, für deren Anleihen der Markt überhaupt noch aufnahmebereit ist, müssen deutlich höhere Zinsen anbieten als noch wenige Monate zuvor. Die Finanzierung von Unternehmenswachstum ist damit deutlich schwieriger und in vielen Fällen teurer geworden. Ein Wachstumsszenario sieht am Kreditmarkt anders aus.

Diese Einschätzungen spiegeln sich auch in den Aktivitäten der deutschen Investmentbanken wider. Nach einem Bericht des „Handelsblatts“ sind die Einnahmen der Institute aus Fusionen und Übernahmen, Aktien- und Anleiheemissionen sowie aus dem Arrangement von großen Konsortialkrediten im ersten Quartal 2008 um 50 Prozent eingebrochen. So wagte in den ersten drei Monaten des Jahres kein einziges Unternehmen den Gang an die Börse. „Massive Einbrüche“, so das „Handelsblatt“, habe es auch beim Geschäft mit Unternehmensanleihen gegeben.

Trotz alledem stellt die Organisation für wirtschaftliche Zusammenarbeit und Entwicklung (OECD) fest, „dass das erste Quartal [2008 für die deutsche Wirtschaft] soweit wohl besser läuft als gedacht.“ Infolge der guten Zahlen in der Industrieproduktion, am Bau und beim Ifo-Geschäftsklima-Index setzt die OECD ihre Erwartungen für das Wirtschaftswachstum sogar etwas herauf.

Ganz andere Töne kommen dagegen aus Washington. Die internationalen Vernetzungen und globalen Abhängigkeiten in der Wirtschaft seien inzwischen so stark, dass die „Risiken einer weiteren Eskalation der Krise wachsen und entschlossenes politisches Handeln erforderlich ist, um das globale Finanzsystem und die Weltwirtschaft auf ein stabileres Fundament zu stellen“, erklärt John Lipsky, Chefökonom des

Internationalen Währungsfonds (IWF). Die Politiker dürften deshalb nicht davor zurückschrecken, „das Undenkbare zu denken und sich damit auseinanderzusetzen, wie sie zu reagieren gedenken, wenn unvorhergesehene Ereignisse eintreten.“[33]

33 *Dealing with the Financial Turmoil: Contingent Risks, Policy challenges, and the Role of the IMF, Speech by Mr. John Lipsky, First Deputy Managing Director of the International Monetary Fund at the Peterson Institute, March 12, 2008*

Banken außer Kontrolle?

Drei Länder, drei Pleiten, eine Lösung: Northern Rock, IKB, Bear Stearns. Die britische Bank Northern Rock wird komplett verstaatlicht, die deutsche IKB Deutsche Industriebank wird quasi verstaatlicht, indem der staatliche Großaktionär KfW Bank den Großteil einer notwendigen Kapitalerhöhung und damit die Aktienmehrheit übernimmt. Und die amerikanische Investmentbank Bear Stearns entkommt nur dadurch dem Kollaps, dass sie vom Konkurrenten JP Morgan mit massiver staatlicher Unterstützung übernommen wird.

In allen drei Fällen ist es letztlich der Steuerzahler, dem die Risiken bzw. die Kosten der Fehlspekulationen der Institute aufgebürdet werden. Mehr noch: Das Bankgewerbe, das sich lange und gern als Speerspitze im Kampf gegen staatliche Einflussnahme auf die Wirtschaft sieht, ruft sogar nach staatlicher Hilfe. Josef Ackermann jedenfalls, Vorstandsvorsitzender der Deutschen Bank, sagt: „Ich glaube nicht mehr an die Selbstheilungskräfte des Marktes.“ Stattdessen vertraut er lieber der heilenden Kraft der öffentlichen Hand.

Für „ZEIT“-Herausgeber Joseph Joffe wirft diese „flotte Lösung“ zwei Fragen auf: Soll es so sein, dass der Staat notleidenden Banken unter die Arme greift? Und: „Muss es so sein, weil sonst der mörderische Abschwung, ja die Weltwirtschaftskrise droht?“

Die erste Frage ist schnell beantwortet: Natürlich soll es nicht so sein, dass der Staat diejenigen Unternehmen aus ihrer Misere befreit, die sich selbst in eine Lage begeben haben, in der sie aus eigener Kraft nicht überleben können. Sonst könnte ja jeder kommen und den Staat um Hilfe anrufen: der

Handwerker, dem es an Aufträgen mangelt, und der Häuslebauer, der seine Hypothek nicht mehr bezahlen kann – ja, und die Bank, die sich verspekuliert hat. Gäbe es diese Instanz, die jeden Unternehmer und jede Privatperson vor der Insolvenz, dem Bankrott bewahrt, dann könnten wir alle munter Risiken eingehen und den Gewinn kassieren, wenn's gutgeht. Und wenn nicht, hilft der Staat? So soll es nicht sein, das wäre der unerwünschte Fall des *moral hazard*. Mit der Aufgabe des Unternehmensretters in letzter Not wäre ohnehin jeder Staat überfordert. Die Grundidee der Marktwirtschaft lautet vielmehr: Die brutale Härte des Marktes, die jeden mit Verlusten bis zum Bankrott bestraft, der zu hohe Risiken eingeht und verliert, zwingt uns zu vorsichtigem Abwägen und Handeln.

Dies gilt auch für Banken, doch die sind ein besonderer Fall – die Ausnahme von der Regel. Sie sind sozusagen das Herzstück jeder Marktwirtschaft, die für einen funktionierenden (Geld-)Kreislauf sorgen. Was eine ausgewachsene Bankenkrise mit vielen kollabierenden Kreditinstituten anrichten kann, dafür gilt Ökonomen und Politikern die Weltwirtschaftskrise der 1930er Jahre als warnendes Beispiel.

Nach der Rettung der Continental Illinois im Jahr 1984, der damals siebtgrößten US-Bank mit einer Bilanzsumme von 41 Milliarden Dollar, stellte deshalb William Seidman, Chef der US-Einlagenversicherung FDIC fest: „Es wird unterstellt, obwohl niemals offizielle Politik, dass es zehn bis zwölf Banken gibt, die einfach zu groß sind, um unterzugehen." Zur Begründung führte er an: „Tatsächlich weiß niemand, was passieren könnte, wenn man eine große Bank zusammenbrechen lässt, aber die Möglichkeit, dies herauszufinden, erscheint der Öffentlichkeit und den zuständigen Behörden nicht sonderlich reizvoll."[(34)] Ökonom Paul Krugman fasst diese niemals erklärte, faktisch aber praktizierte Politik mit den Worten

34 *William Seidman, Remarks before the Garn Institute Deposit Insurance Forum, 14. November 1988*

zusammen: „Amerika kam aus der Großen Depression mit einem ziemlich effektiven Sicherheitsnetz heraus, das auf der grundsätzlichen Vereinbarung beruhte: Die Regierung steht zur Rettung notleidender Banken bereit, allerdings nur unter der Bedingung, dass diese Banken Reglementierungen beim Eingehen von Risiken akzeptieren.“(35)

In Deutschland ist dies seit der Pleite des Bankhauses Herstatt im Jahr 1974 nicht anders. Zum einen sind seither deutsche Bankkunden durch den Einlagensicherungsfonds geschützt. Viele Kunden kleinerer Banken hatten nach der Herstatt-Pleite ihre Einlagen abgezogen, einige dieser Banken mussten gestützt werden. Zum anderen führte der unkontrollierte Zusammenbruch der Kölner Privatbank zu engerer internationaler Zusammenarbeit der Bankaufsichtsbehörden mit dem Ziel, Bankpleiten und eine dadurch womöglich ausgelöste Bankenkrise zu verhindern. Als Herstatt inmitten riesiger Devisenspekulationen geschlossen wurde, wurden damit zugleich kurzfristige Guthaben internationaler Banken im Volumen von mehreren Hundert Millionen Dollar eingefroren. Die Zahlungsströme, die die Weltwirtschaft am Laufen halten, wurden dadurch empfindlich gestört. Es entstand eine Kettenreaktion an unbeglichenen Zahlungsverpflichtungen. Am Tag nach der Herstatt-Schließung brach deshalb das Transaktionsvolumen von Geschäften, die über US-Banken abgewickelt wurden, um ein Viertel ein. Einige japanische und italienische Banken hatten zeitweise Refinanzierungsprobleme.

Als ein paar Jahre später die Privatbank Schröder, Münchmeyer, Hengst (SMH) in Schwierigkeiten geriet, orchestrierte die Bundesbank gemeinsam mit dem Kreditgewerbe eine umfangreiche Rettungsaktion. Als 2001 im fränkischen Hof die SchmidtBank in ernsthafte Schwierigkeiten geriet, wurden die deutschen Großbanken und die Bayerische Landesbank

35 *Paul Krugman, Taming the Beast, New York Times, 24. März 2008*

gleich selbst aktiv und gründeten eine Auffanggesellschaft, bevor die Bankenaufsicht einschreiten musste. Im Jahr darauf nahm das Land Berlin lieber eine „extreme Haushaltsnotlage“ in Kauf als eine drohende Pleite der landeseigenen Bankgesellschaft Berlin. Der Berliner Senat rettete die Bank, indem er ihr Immobilienrisiken im Volumen von 21 Milliarden Euro abnahm. Und nun die IKB Deutsche Industriebank AG.

Allem Anschein nach gilt demnach auch in Deutschland das Diktum: Staatliche Regulierungen der Banken sollen den schlimmsten Fall verhindern. Wenn er aber doch eintritt, hilft die Regierung.

Paradoxerweise geht diese schwindende Neigung der Politik, eine notleidende Bank tatsächlich pleitegehen zu lassen, einher mit einer fortgesetzten Deregulierung in den westlichen Industrieländern. Den Banken werden dadurch immer mehr Freiheiten eingeräumt. Die Grundvereinbarung „Staatliches Sicherheitsnetz für Banken bei Akzeptanz einer straffen Reglementierung“ wird dadurch immer mehr unterlaufen. Das scheint auch Jochen Sanio, dem obersten deutschen Bankenaufseher, immer klarer zu werden. Beim Neujahrsempfang der BaFin führte er darüber beredt Klage: „Mit etwas Zynismus kann man die jüngere Geschichte des internationalen Finanzsystems als eine Folge von harten Lektionen beschreiben, die keine oder nur sehr unwillige Schüler gefunden haben, die manchmal auch noch an Gedächtnisschwund leiden. Man könnte fast auf die Idee kommen, dass die Strafen für diejenigen, die ihr Unternehmen verwettet und dabei verloren haben, viel zu lasch sind. Die *moral hazard*-Fragestellung ist nach wie vor sehr aktuell, und es zeichnet sich immer deutlicher die Frage ab, was man eigentlich als Banker anstellen muss, um nicht gerettet zu werden. Hasardeure können sich die berühmten Hölderlin'schen Zeilen ins Kopfkissen sticken lassen und süß darauf schlummern: ‚Wo aber Gefahr ist, da wächst das Rettende auch.'"[36]

In den USA kommt es unter den besonderen Bedingungen des Landes mit einem stark fragmentierten Bankgewerbe und einer weit zersplitterten Bankenaufsicht sowie einer Spaltung der Gesetzgebungsorgane in Deregulierungsgegner und -befürworter zu einem unkoordinierten und teilweise willkürlichen Abbau von Regeln, der den Banken immer mehr Schlupflöcher eröffnet.

Zum besseren Verständnis, worum es bei alledem geht, erscheint es an dieser Stelle sinnvoll, sich der spezifischen Besonderheiten der Unternehmensspezies „Bank" gewahr zu werden.

Banken arbeiten mit einer recht niedrigen Eigenkapitalbasis. Das war nicht immer so. Wie Richard Dale, Ex-Rothschild-Banker und Professor an der Universität von Southampton, berichtet, lag die Eigenkapitalquote amerikanischer Banken im Verhältnis zu ihren Aktiva in der Zeit um 1840 im Durchschnitt bei etwa 50 Prozent. Bis zu den späten 1920er Jahren sank die Quote auf etwa zwölf Prozent.[37] In der jüngsten Vergangenheit bedurfte es schon starken aufsichtsrechtlichen Nachdrucks (Basel I und Basel II), um international eine Mindestkapitalquote von acht Prozent durchzusetzen.

Die hohen Eigenkapitalquoten der Vergangenheit waren das Ergebnis der damals vorherrschenden Marktkräfte. Sie waren „notwendig", erklärt Dale, „um das Vertrauen der Einleger zu behalten. Mit dem dramatischen Rückgang der Eigenkapitalquote der Banken haben sich die Märkte hauptsächlich deswegen abgefunden, weil Einlagensicherung und der Zugang zum Diskont-Fenster [der Notenbank] das Risiko

36 *Neujahrspresseempfang der* BaFin *2008, Rede von Jochen Sanio, Präsident der Bundesanstalt für Finanzdienstleistungsaufsicht, 16. Januar 2008*

37 *Richard Dale, International Banking Deregulation – The Great Banking Experiment, Oxford 1992. Der Autor bezieht sich selbst ausdrücklich auf Daten für US-Banken „als Beispiel, und zwar einfach deswegen, weil deren Daten leichter zugänglich sind."*

der Einleger drastisch verringert haben. Da aber die Risikoanfälligkeit der Aktiva einer Bank in den Kosten oder der Verfügbarkeit ihrer Finanzmittel nun nicht mehr widergespiegelt wird, ist die Bereitschaft der Banken, Risiken einzugehen, stark gestiegen.“ Hierin sieht Dale den wichtigsten Grund für eine stringente Regulierung der Kreditwirtschaft.

Zu einem ähnlichen Ergebnis kam die Federal Deposit Insurance Corporation (FDIC), die US-amerikanische Einlagenversicherung, im Jahr 1983 in einer Studie. Darin hieß es, dass nicht einmal die wachsende Abhängigkeit der Banken von Geldmarktkrediten, die nicht durch die Einlagenversicherung abgesichert sind, die Marktdisziplin stärkt, wie man hätte erwarten können. Der Grund: „Die Geldgeber selbst, die durchaus das Potential besitzen, mehr Disziplin einzufordern, scheinen Risiken gegenüber gleichgültiger zu sein, weil sie davon überzeugt sind, dass die FDIC oder irgendein anderer Zweig der Bundesregierung im Zweifel einschreiten wird, um sie vor Verlusten zu bewahren.“[38]

Eine erhöhte Risikobereitschaft von Banken, deren Durchschnittskunden durch Einlagensicherungssysteme weitgehend abgesichert sind, belastet naturgemäß die übrigen Sicherungssysteme des Bankensektors stärker, vor allem die Notenbanken in ihrer Funktion als letztinstanzliche Kreditgeber und als Versorgungsinstanz des Bankensystems mit Liquidität. Vor allem die amerikanische Notenbank hat von ihren Möglichkeiten, Krisensituationen mit Hilfe von Leitzinssenkungen und Liquiditätsspritzen zu entspannen, reichlich Gebrauch gemacht.

Die Folgen einer niedrigen Kapitalausstattung von Banken sind offensichtlich: Jede Veränderung der Werte der Aktiva in ihren Bilanzen kann erhebliche Auswirkungen haben. Eine plötzliche Abwertung ihrer Vermögenswerte – ein Kurs-

38 *Deposit Insurance in a Changing Environment, FDIC, Washington 1983*

einbruch bei Wertpapieren oder ein Anstieg der Kreditausfälle – kann schnell das gesamte Eigenkapital einer Bank aufzehren. In einem solchen Fall müsste sie umgehend ihre Tore schließen.

Ein weiteres Charakteristikum von Banken liegt darin, dass ein wesentlicher Teil ihres Vermögens aus Werten besteht, die nicht mal eben schnell zu verkaufen sind: Kreditforderungen, Anleihen und Schuldscheine, Aktien, Immobilien. Wenn alles gut läuft, braucht eine Bank diese Vermögenswerte auch nicht zu verkaufen. Wenn sie aber plötzlich an Wert verlieren und die Eigenkapitalbasis aufzuzehren drohen, sind die Vermögenswerte nur schwer bzw. nur unter Inkaufnahme noch größerer Verluste liquidierbar.

Typisch für Banken ist auch ihre labile Finanzierungsbasis: Kundeneinlagen und Kredite von anderen Banken. Diese Basis ist nur so lange gegeben, wie Kunden und andere Geldgeber der Bank Vertrauen entgegenbringen. Ist diese Vertrauensbasis einmal gestört, ziehen Kunden und Finanziers ihr Geld ab und frisches Geld kann die Bank dann nur gegen Zahlung einer erheblichen Risikoprämie auftreiben. Eine solche Risikoprämie wird aber an den Märkten als Zeichen einer verschlechterten Finanzlage der Bank interpretiert, wodurch noch mehr Vertrauen verloren geht.

Schließlich kann die finanzielle Lage einer Bank nicht wirklich an ihren Geschäfts- und Quartalsberichten abgelesen werden, weil die Qualität ihres Kredit- und Wertpapierportfolios nicht Gegenstand der Berichterstattung ist. Die Finanzberichte zeigen nur auf, wie diese Portfolios zum Bilanzstichtag zu bewerten waren. Bis zum Zeitpunkt der Veröffentlichung der Berichte können sich die Marktverhältnisse aber schon grundlegend geändert haben. Dieser Mangel an Transparenz kann dazu führen, dass eine finanziell gesunde Bank zum Opfer von Gerüchten wird und die finanzielle Schieflage einer angeschlagenen Bank unentdeckt bleibt, bis es zu spät ist.

Für alle diese besonderen Merkmale von Banken bietet die aktuelle Finanzkrise mannigfaltige Beispiele. So etwa die hektische Suche nach frischem Eigenkapital vor allem US-amerikanischer Banken, nachdem die Verluste aus Subprime-Krediten große Teile ihrer Kapitalbasis aufgezehrt haben. In dieser bedrängten Lage akzeptierten einige der einst so stolzen Wall-Street-Institute als Kapitalgeber und neue Großaktionäre sogar Staatsfonds aus China, Singapur oder den Öl-Emiraten des Nahen Ostens, denen die US-Regierung wenige Monate zuvor noch nicht einmal die Beteiligung an einer Hafenbetriebsgesellschaft zugestehen wollte.

Die Unverkäuflichkeit von Vermögenswerten machte sich schon in einer frühen Phase der Finanzkrise bemerkbar, als der Markt für Mortgage Backed Securities, die mit Subprime-Hypotheken unterlegt sind, zusammenbrach.

Der Verlust des Vertrauens von Kunden und anderen Geldgebern brachte die britische Hypothekenbank Northern Rock in arge Bedrängnis. Die Kunden standen Schlange, um ihr Geld abzuheben – Bilder, die es seit den 1930er Jahren nicht gegeben hat. Ähnliches widerfuhr der US-Investmentbank Bear Stearns, deren Kunden innerhalb weniger Tage Mittel im Volumen von mehreren Milliarden Dollar abzogen.

Die kurzlebige Gültigkeit der in Finanzberichten ausgewiesenen Zahlen und Werte zeigte sich unter anderem bei der Deutschen Bank. Am 7. Februar 2008 legte sie eine fast blütenreine Bilanz mit Rekordgewinn von 6,5 Milliarden Euro für 2007 vor. Vorstandschef Josef Ackermann betonte, dass die Auswirkungen der US-Hypothekenkrise sein Institut „weitaus weniger getroffen" haben als andere Wettbewerber. Für 2008 kündigte er einen Gewinn vor Steuern von 8,4 (2007: 8,7) Milliarden Euro an. Als am 26. März der Geschäftsbericht erschien, stolperten aufmerksame Leser darüber, dass die Bank ihr Gewinnziel von 8,4 Milliarden Euro nun als „Vision“ bezeichnet, und über den Satz: Falls „sich das wirtschaftliche Umfeld stärker eintrübt“, könnte dies „die Erreichung unseres veröffentlichten Gewinnziels negativ beeinflussen.“ Einige Analysten interpretierten diese Aussage sogleich als „versteckte Gewinnwarnung“. Am 1. April teilte die Deutsche Bank mit, dass das Institut im ersten Quartal 2008 wegen der US-Kreditkrise weitere 2,5 Milliarden Euro abschreiben müsse. Ende April wies die Bank für die Monate Januar bis März 2008 den ersten Quartalsverlust seit fünf Jahren aus.

Die aktuelle Finanzkrise stützt zugleich erneut die These, dass Banken stets regulatorischen Einschränkungen ihrer Geschäfte zu entfliehen trachten. Die Versuchung dazu ist jedenfalls groß, denn Geschäfte mit höheren Risiken versprechen regelmäßig auch höhere Gewinne. Wenn eine aggressiv geführte Bank durch Vorschriften und Regularien von einer solchen, potenziell hoch profitablen Risikostrategie abgehalten wird, dann wird sie versuchen, derartige Aktivitäten in Tochtergesellschaften oder Bereiche auszugliedern, die weniger penibel reguliert sind als das Kerngeschäft. Eine klassische Variante einer solchen Strategie ist das außerbilanzielle Geschäft, etwa durch die Gründung von Tochtergesellschaften, die keinen Bankstatus beanspruchen, weil sie keine Einlagen entgegennehmen. Conduits oder Zweckgesellschaften, die in der Kreditkrise eine unrühmliche Bekanntheit erlangt haben, sind dafür nur ein Beispiel. Die Bankaufseher müssen deshalb ständig auf der Hut sein, um sicherzustellen, dass sie nicht nur eine Auswahl der Aktivitäten einer Bank überwachen, sondern *alle* – vor allem die mit hohen Risiken behafteten.

Zu diesen den gesamten Bankensektor prägenden Eigenarten kommen seit den 1980er Jahren noch einige besondere Entwicklungen hinzu. Dazu gehört zum einen die Erosion des gewerblichen Kreditgeschäfts. In der Zeit nach dem Zweiten Weltkrieg hatten Banken als Finanziers von Unternehmen eine dominante Rolle. Die ganz großen Unternehmen merkten aber bald, dass sie dank ihres Renommees auch selbst als Emittenten von Industrieanleihen am Kapitalmarkt gern akzeptiert werden. Rasch entstand damit ein eigenes, wachsendes Marktsegment, das in den USA mit dem Junk-Bond-Boom der 1980er Jahre einen vorläufigen Höhepunkt fand. Die Übertreibungen der Junk Bonds (Ramsch-Anleihen von Emittenten zweifelhafter Bonität) verschwanden bald wieder, das Marktsegment der Unternehmensanleihen aber ist inzwischen etabliert. Später kommen Commercial Paper und andere Formen der direkten Unternehmensfinanzierung über den Kapitalmarkt hinzu.

Banken sind damit als Finanziers großer Unternehmen nicht mehr so gefragt. Deshalb entwickelt sich unter ihnen ein intensiver Wettbewerb um die besten Unternehmenskunden, der unter anderem auch über den Preis – hier: den Zins – geführt wird. Eine Entwicklung, die den Geschäftsinhaber einer renommierten Düsseldorfer Privatbank in den 1990er Jahren zu der Bemerkung veranlasste: „Mit Gewerbekrediten ist doch kein Geld mehr zu verdienen."

Gleichzeitig steigen die Finanzierungskosten der Banken. In Deutschland beispielsweise lösen Tagesgeld- und längerfristige Termineinlagen das klassische Sparbuch mit seinen Mini-Zinsen ab. Für diese neuen Formen von Kundeneinlagen, um die sich schnell ein intensiver Wettbewerb entwickelt, werden durchweg höhere Zinsen gezahlt. In den USA wird die gesetzliche Bindung von Einlagenzinsen abgeschafft und zinstragende Einlagenkonten eingeführt – mit dem gleichen Effekt der Verteuerung der Kundeneinlagen.

Die Fortschritte in der Kommunikationstechnologie verstärken diese Trends noch zusätzlich. Dank Internet können nun Bankkunden per Mausklick vom heimischen Schreibtisch aus ihr Geld dorthin transferieren, wo es die höchsten Zinsen einbringt. Oder sich dort einen Kredit besorgen, wo er am billigsten zu haben ist.

Wie stark diese Entwicklungen gestandene Banken erschüttern, lässt sich am strategischen Zick-Zack-Kurs der Deutschen Bank seit Mitte der 90er Jahre ablesen. Erst gründet sie – dem Trend der Zeit folgend – mit der „Bank 24“ eine eigene Direktbank ohne Filialen. Dann gliedert sie ihr Privatkundengeschäft aus und führt es mit der „Bank 24“ in der „Deutsche Bank 24“ zusammen. Jetzt ist sogar von einem möglichen Verkauf des Privatkundengeschäfts, von einer Konzentration auf das internationale Investmentbanking und der Verlegung des Firmensitzes nach London, dem inzwischen wichtigsten Finanzzentrum der Welt, die Rede. Schließlich die Kehrtwende mit der Wiedereingliederung der Deutschen Bank 24 in die Deutsche Bank AG und einem Bekenntnis des Vorstandes zur Privatkundschaft als bedeutender Basis für das Gedeihen der Bank.

Die geschilderten Umwälzungen treffen die deutschen Universalbanken noch nicht einmal so hart wie ihre Wettbewerber mit angelsächsischem Sitz und den dortigen Traditionen. Deutsche Banken können vom Zinsgeschäft (Kundeneinlagen, Kredite) auf das so genannte „Provisionsgeschäft“ mit Wertpapieren ausweichen – als Berater bei Aktien-, Anleihe- und sonstigen Emissionen, als Mittler bei Wertpapierkäufen und -verkäufen. Einige, wie die große Deutsche Bank, können sich auch erfolgreich im lukrativen Investmentbanking positionieren und auf der Erfolgswelle der anschwellenden Zahlen von Fusionen und Firmenübernahmen reiten.

Dieser Ausweg in das Wertpapiergeschäft war den US-amerikanischen Geschäftsbanken dagegen seit den 1930er Jahren gesetzlich verwehrt. Das Gleiche gilt für britische Banken.

Dort untersagten die Regeln der Londoner Börse, dass ihre Mitgliedsfirmen von außenstehenden Personen oder Unternehmen dominiert werden. Britischen Geschäftsbanken war der Zugang zum Wertpapierhandel damit verwehrt. In Großbritannien sorgten erst Mitte der 1980er Jahre die Finanzreformen des „Big Bang" für die Aufhebung der Trennung von Geschäfts- und Investmentbanken, in den USA folgte dieser Schritt gut ein Jahrzehnt später mit dem Gramm-Leach-Bliley Act von 1999.

Mit diesem Gesetz wird allerdings nur nachvollzogen, was schon zuvor gang und gäbe ist. Gramm-Leach-Bliley stellte insofern nicht etwa den Höhepunkt, sondern eher den vorläufigen Endpunkt von zwei Jahrzehnten amerikanischer Banken-Deregulierung dar. Und dieser Prozess lief teilweise recht chaotisch ab.

Bis in die 1970er Jahre ist das US-amerikanische Bankensystem, das durch die Regulierungen der 1930er Jahre geprägt war, stabil und erfüllt seine Funktionen. Liberalisierung und Internationalisierung des Bankgeschäfts, die nach dem Zerfall des Währungssystems von Bretton Woods einsetzten, betrafen das eher regional als national strukturierte Bankensystem allerdings in besonderem Maße. Durch den McFadden Act am Geschäft über Bundesstaatsgrenzen hinweg gehindert, konnte sich eine große Zahl kleiner und regionaler Banken im Einzugsbereich ihrer Kunden einrichten. Im Jahr 1980 gab es deshalb noch mehr als 14.400 Geschäftsbanken in den USA – praktisch genauso viele wie am Ende der Bankenkrise der 1930er Jahre. Die große Zahl relativ kleiner Banken erwies sich jedoch bald als Nachteil. Im Inland mussten sie sich einer wachsenden Zahl höchst potenter ausländischer Konkurrenten erwehren, im Ausland drohten die wenigen großen, ehemals starken US-Banken an Einfluss zu verlieren. Die überaus starke Regulierung (Trennung von Geschäfts-

und Wertpapierbanken, regionale Fragmentierung und Zinsregulierung), einst als stabilisierendes Element geplant, erwies sich nun als Hemmschuh in einer von starken Zins- und Währungsvolatilitäten und verschärftem Wettbewerb geprägten Entwicklung.

Im Ergebnis führte dies in den 80er Jahren zu einer massiven Krise am amerikanischen Bankenmarkt, der insgesamt mehr als 1.600 Institute zum Opfer fielen.

Die Geschäftsbanken bemühten sich deshalb schon seit den 1970er Jahren intensiv um eine Abschaffung des Trennbankensystems – allerdings lange Zeit ohne Erfolg. Eine Änderung erhofften sie sich 1980 von der Wahl Ronald Reagans zum US-Präsidenten. Schon im Wahlkampf versprach er, den Einfluss des Staates auf Wirtschaft und Gesellschaft zurückzuschrauben. Deregulierung und Steuersenkungen standen ganz oben auf der Agenda der neuen Regierung.

George H. W. Bush sr. hatte das Wirtschaftsprogramm seines damaligen Konkurrenten Reagan, die *Reagonomics*, im Vorwahlkampf um die Präsidentschaftskandidatur der Republikanischen Partei zwar noch als „Voodoo-Economics" verspottet. Trotzdem wurde er später Reagans Vize-Präsident. Und Harvard-Ökonom Gregory Mankiw, der später George W. Bush jr. zeitweise als Chef-Wirtschaftsberater diente, bezeichnete die Mitglieder von Reagans Wirtschaftsberater-Team als „Scharlatane und Spinner"(39), weil sie meinten, Steuersenkungen würden die Wirtschaftsaktivitäten derart stimulieren, dass der Staat am Ende mehr Steuern einnehmen würde als vor den Steuersenkungen. Doch von solchen Anfeindungen ließ sich Reagans Team nicht aufhalten.

Als Erstes nahm die neue Regierung sich gleich den schwersten Brocken vor: die Abschaffung des Glass-Steagall Act, der die Trennung von Geschäfts- und Investmentbanken

39 *N. Gregory Mankiw: Principles of Economics, Fort Worth, Texas 1998, S. 166*

vorschrieb. Die Initiative stieß jedoch auf ungeahnten Widerstand: Das Federal Reserve Board befürchtete aufgrund einiger Liberalisierungsschritte Schwierigkeiten bei ihren geldpolitischen Aufgaben; Investmentbanken, Versicherungen und Immobilienwirtschaft sahen in den von Produktbeschränkungen befreiten Geschäftsbanken neue Konkurrenten für ihr eigenes Geschäft heranwachsen und mobilisierten politisch gegen den Entwurf; letztlich fiel der Reformentwurf auch beim Bankenausschuss des Senats durch. Am Ende kam nur ein Reförmchen mit kleineren Liberalisierungsschritten für Banken und die kleineren Savings & Loans (Spar- und Darlehenskassen) heraus.

In ihrer Enttäuschung über diesen Fehlschlag entdeckten die US-Banken nun, dass die Regierung Reagan wichtige Aufsichtsbehörden nach und nach mit Deregulierungsbefürwortern besetzte. Da gab – und gibt es bis heute – einige Posten zu besetzen. Allein auf Bundesebene gibt es vier Aufsichtsbehörden: das Office of the Comptroller of the Currency (OCC), das Federal Reserve System, die Einlagenversicherung FDIC und das Office of Thrift Supervision (OTS).

Das OCC ist ein Arm des Finanzministeriums und beaufsichtigt die 1.700 Banken mit nationaler Lizenz. Es erlässt Regulierungen hinsichtlich Kreditvergabe und Investitionen und wacht über die Einhaltung von Grundsätzen des Bankmanagements und von Bundesgesetzen, die Banken betreffen. Das OCC überprüft ferner Solvenz und Bonität der ihrer Aufsicht unterstellten Banken.

Hauptaufgabe des Federal Reserve Systems ist zwar die Geldpolitik der USA; zugleich ist es jedoch auch Aufsichtsbehörde für Bank Holding Companies und für diejenigen Banken mit einzelstaatlicher Lizenz, die dem Federal Reserve System angehören. Ende 2006 zählte die Notenbank mehr als 5.800 aktive Bank Holding Companies. Diese kontrollierten rund 6.100 Geschäftsbanken, in denen rund 96 Prozent aller Vermögenswerte konzentriert sind.

Hauptaufgabe der Federal Deposit Insurance Corporation (FDIC) ist die Verwaltung des Einlagensicherungsfonds. Daneben obliegt ihr die Zwangsverwaltung gescheiterter Banken sowie die Aufsicht über diejenigen Banken mit einzelstaatlicher Lizenz, die nicht Mitglied des Federal Reserve System sind – insgesamt ca. 5.200 Institute.

Dem OTS schließlich obliegt die Aufsicht über Sparbanken und Spar- und Darlehenskassen (Savings Banks bzw. Savings & Loans) sowie einige Institute mit einzelstaatlicher Lizenz. Insgesamt überwacht das OTS 835 Institute.

Neben diesen vier Bundesbehörden gibt es noch die Aufsichtsbehörden der jeweiligen Bundesstaaten, die etwa 6.000 Banken mit einzelstaatlicher Lizenz überwachen.

Wer die Zahlen der Banken addiert, die von den einzelnen Behörden überwacht werden, der entdeckt schnell, dass es in diesem System zu vielen Überlappungen und doppelter Beaufsichtigung kommt. Obendrein ist das System so angelegt, dass Banken die einzelnen Aufsichtsbehörden durchaus gegeneinander ausspielen können. Diese wiederum konkurrieren miteinander um Klientel und unterscheiden sich durch Rollenverständnis und spezifische Erfahrungen. Die FDIC hat es vor allem mit kleineren Banken zu tun, die eher vom Scheitern bedroht sind. Jede gescheiterte Bank aber belastet das Einlagensicherungssystem. Daher neigt die FDIC eher zu Vorsicht und Konservatismus. Das OCC schaut dagegen eher auf die Wettbewerbsfähigkeit der ihr unterstellten, zumeist größeren Banken. Es gilt als innovationsfreudig und genießt deshalb einen Ruf als fortschrittliche Aufsichtsbehörde. Bei den Banken ist das OCC deshalb als Lizenzierungs- und Aufsichtsbehörde relativ beliebt.

Die Perspektive der Notenbank wiederum gilt eher dem gesamten Bankensystem als der einzelnen Bank. Zur Erfüllung ihrer geldpolitischen Aufgaben ist sie zugleich auf die enge Zusammenarbeit mit den großen Holding Companies angewiesen. Deshalb wacht sie eifersüchtig über die Einflusssphäre des OCC und eine mögliche Flucht von Geschäftsbanken unter dessen Fittiche.

Tatsächlich kam es Anfang der 1980er Jahre nach dem Scheitern der Reagan-Initiative zur Abschaffung des Glass-Steagall Act zu Spannungen zwischen den Aufsichtsbehörden. Ihre unterschiedliche Reformfreudigkeit, so die Befürchtung, könnte Banken zu einem entsprechenden Lizenzwechsel und damit zu einem Wechsel der zuständigen Aufsichtsbehörde veranlassen. Und das geschah auch. So beispielsweise, als die FDIC 1982 bundesstaatlich lizenzierten Banken erlaubte, Tochtergesellschaften für den Wertpapierhandel zu gründen, und diese Erlaubnis 1983 noch weiter ausdehnte. In diesem Falle fühlte sich die Fed herausgefordert, ebenso aber der Kongress, der seine legislative Gestaltungsrolle unterlaufen sah. Obendrein begannen auch einige Bundesstaaten, mit eigenen Gesetzesinitiativen den Glass-Steagall Act zu unterlaufen. So erlaubte beispielsweise South Dakota 1983 Banken den Besitz von Versicherungen, solange diese nur außerhalb des Staates operierten.

Und die Banken fanden weitere regulative Schlupflöcher. Nach dem Bank Holding Act von 1956 wird eine Bank als Unternehmen definiert, das Einlagen entgegennimmt *und* Kredite vergibt. Beschränkt sich ein Unternehmen auf nur eine dieser Tätigkeiten, kann es viele für Banken geltende Einschränkungen umgehen. Nachdem ein Gesetzentwurf des Senats zur Schließung dieses „non-bank bank"-Schlupfloches scheiterte, gingen beim OCC 1984 plötzlich über 300 Anträge auf Zulassung von „non-bank banks" ein.

Mitte der 1980er Jahre spitzte sich die Situation zu. Nachdem Großbritannien seinen Finanzplatz London 1986 mit dem „Big Bang“ dereguliert hatte, drohen US-Geschäftsbanken mit Abwanderung. Sie begründeten ihre Drohung mit der paradoxen Situation, dass ausländische Banken in den USA alle Arten von Finanzgeschäften betreiben dürften und amerikanische Banken im Ausland ebenso, nicht aber in ihrem Heimatland.

Bevor Senator William Proxmire 1988 im Kongress eine neue Reforminitiative startete, machte das Federal Reserve Board Nägel mit Köpfen. In einer als bahnbrechend empfundenen Entscheidung interpretierte es den Glass-Steagall Act um und erlaubte Geschäftsbanken, über Tochtergesellschaften Wertpapiergeschäfte zu betreiben, solange deren Umfang nicht fünf Prozent der Gesamteinnahmen übersteigt. Diese Initiative provozierte zwar scharfe Kritik im Kongress, der die Fed beschuldigte, Funktionen an sich zu reißen, die allein dem Gesetzgeber zustünden. Trotzdem blieb die unabhängige Notenbank bei ihrer Entscheidung.

Proxmires Reformvorschlag, der wiederum die Abschaffung des Trennbankensystems vorsah, passierte 1988 tatsächlich den Senat mit überwältigender Mehrheit. Nun geriet das mehrheitlich skeptische Repräsentantenhaus unter Handlungsdruck und entwickelte einen Parallelentwurf, der eine Reihe von Verbraucherschutzbestimmungen enthielt – aber auch einige Bestimmungen über den Wertpapierhandel. Deshalb war nun auch der Ausschuss für Energie und Handel zuständig. Dessen Vorsitzender John Dingell aber lehnte die Reform vehement ab, und es gelang ihm, eine Verabschiedung innerhalb der Sitzungsperiode zu verhindern. Damit war auch dieser Reformvorstoß gescheitert. Jetzt forderte Senator Proxmire die Regulierungsbehörden auf, das vom Kongress hinterlassene Reformvakuum zu füllen. Andreas Busch,

Dozent an der Oxford University, zitiert den Senator mit den Worten: „Congress has failed to do the job. Now it's time for the Fed to step in."[40] Mit anderen Worten: Die Legislative räumte ihr Versagen bei der Gestaltung des amerikanischen Bankensystems offen ein und beauftragte die Exekutive, die Bankenaufsicht, die Aufgabe zu übernehmen.

Diesen Handschuh nahm Notenbank-Präsident Alan Greenspan, der seit 1987 im Amt ist und sich selbst als Deregulierungsbefürworter sieht, gern auf. Im September 1989 erweiterte er die Grenze für Wertpapiergeschäfte von Geschäftsbanken von fünf auf zehn Prozent der Gesamteinnahmen.

Gut ein Jahr später folgte ein erneuter Reformanlauf. Diesmal präsentierte Nicholas Brady, Finanzminister von Reagan-Nachfolger George Bush sr., dem Kongress einen wirklich umfassenden Reformentwurf. Er sah eine Reform und Begrenzung der Einlagensicherung vor, erweiterte Kompetenzen für die Regulierungsbehörden für ein frühzeitiges Eingreifen bei in Not geratenen Banken sowie eine Konsolidierung der Regulierungsstrukturen, die Erlaubnis des *interstate branching*, und damit eine weitgehende Abschaffung des McFadden Act aus den 30er Jahren, sowie erweiterte Kompetenzen für Geschäftsbanken einschließlich der Abschaffung des Trennbankensystems. Dieser Reform wurde nun aber gerade ihr umfassender Ansatz zum Verhängnis. Für jedes Reformelement fanden sich Gegner, die sich in einer mächtigen Koalition vereinigten. Übrig bleibt am Ende nur ein Federal Deposit Insurance Corporation Improvement Act, also eine Reform der Einlagensicherung FDIC.

Als sich dieses gesetzgeberische Desaster bereits abzeichnete, kommentierte die „New York Times": „Die einzige noch offene Frage ist die, wie verantwortungslos der Kongress noch wird bei dem Versuch, das Banksystem zu reformieren ... Die

40 *Andreas Busch, Blockade durch Zersplitterung: Die fehlgeschlagene Deregulierung des amerikanischen Bankensektors, DVPW-Kongress, Halle, 1.-5. Oktober 2000*

USA sind – neben Japan – das einzige Industrieland, das seine Banken aus dem Wertpapiergeschäft und anderen Finanzdienstleistungen heraushält. Den Kongress zu bitten, die Banken ins 21. Jahrhundert zu bringen, mag ein bisschen viel sein. Aber warum nicht ins 20. Jahrhundert?"[41]

Wieder sprang die Notenbank ein, um die legislative Blockade zu überwinden. Sie gab der Geschäftsbank JP Morgan zusätzliche Kompetenzen im Wertpapierhandel und erlaubte vier Monate später drei weiteren Geschäftsbanken den Handel mit Aktien.

Vordergründiges Ziel der – gescheiterten – legislativen und – umgesetzten – exekutiven Deregulierungen war, den Banken zusätzliche Geschäftsfelder zu erschließen. Denn inzwischen waren die US-Geschäftsbanken nicht nur durch die Erosion des Geschäftsfeldes gewerbliche Kredite und die ausländische Konkurrenz von Universalbanken geschwächt. Selbst mittlere und kleinere Unternehmen verschafften sich benötigte Finanzmittel an den Banken vorbei, zum Beispiel bei Pensionsfonds und anderen Beteiligungsgesellschaften. Verbraucher finanzieren Urlaubsreisen und Waschmaschinen zunehmend über Kreditkarten statt durch Bankkredite. Investmentfonds sowie andere Finanzdienstleister wie Immobilienfinanzierer, die rechtlich nicht als Bank gelten und deshalb auch nicht den Bankregulierungen unterliegen, locken Kunden von den traditionellen Geschäftsbanken weg. Deregulierung im Sinne einer Erweiterung des Geschäftsfeldes von Banken wird damit zunehmend zu einem Erfordernis, um das Bankwesen zu stärken.

Neben der Lockerung von Regeln durch das Federal Reserve Board vollzog sich dieser Prozess auch auf andere Weise unterhalb bundesgesetzlicher Regelungen. So erlaubten seit Mitte der 80er Jahre immer mehr Bundesstaaten das *interstate*

41 *A Parody of Banking Reform, New York Times, 21. November 1991*

branching, mithin die Eröffnung von Filialen jenseits der bundesstaatlichen Grenzen, in denen eine Bank ihren Sitz hat. Und ehe der McFadden Act im Jahr 1994 ganz aufgehoben wurde, erlaubten alle Bundesstaaten außer Hawaii den Erwerb von Banken durch Holdinggesellschaften, die in anderen Bundesstaaten ihren Sitz haben.

Ein Effekt all dieser Maßnahmen ist, dass das US-Bankgeschäft konsolidiert wird. Durch Übernahmen und Fusionen sowie die Erweiterung ihrer Aktivitäten wachsen die Banken in neue Größenordnungen hinein. Mit zunehmender Größe wächst damit auch die Zahl der Institute, die im Falle ihres Scheiterns als „too big to fail" angesehen werden würden – als zu groß, um unterzugehen, weil der Kollaps einer allzu großen Bank eine Kettenreaktion auslösen und das ganze Bankensystem ins Wanken bringen kann. Einer stringenten, effektiven und effizienten Überwachung der Banken kommt deshalb eine immer größere Bedeutung zu.

Zur wachsenden Zahl derer, die das Bankensystem durch Deregulierung stärken wollen, gesellen sich aber auch die immer einflussreicher werdenden Advokaten einer freien Marktwirtschaft, die den Einfluss der Regierung und ihrer Behörden eher aus ideologischen Gründen zurückdrehen wollen. Diese blockieren zusätzliche Regulierungen für Banken, die den Radius ihrer Aktivitäten auch auf Felder ausdehnen, die ihnen zuvor verwehrt waren.

Das Ziel einer stringenteren Regulierung hatte wohl auch die Regierung von Präsident Bill Clinton im Auge, als Finanzminister Lloyd Bentson im November 1993 einen Gesetzentwurf zur Zusammenführung der vier Bankaufsichtsbehörden im Kongress einbrachte. Die Reform sah vor, dass sich die Notenbank ganz auf die Geldpolitik und die FDIC ganz auf die Einlagenversicherung konzentriert, während eine neu einzurichtende Federal Banking Commission die Banken beaufsichtigt. Doch auch dieser Vorstoß wurde torpediert. Das Federal Reserve Board befürchtete einen völligen Ausschluss aus der Bankenregulierung. Und die Bankenverbände liefen gegen den Plan Sturm, weil sie nicht auf die regulativen Wahlmöglichkeiten zwischen den bestehenden Aufsichtsbehörden verzichten wollten.

Nachdem 1995 ein weiterer Versuch gescheitert war, die Trennung zwischen Geschäfts- und Investmentbanken aufzuheben, setzte das Federal Reserve Board die Grenze für Wertpapiergeschäfte der Geschäftsbanken von zehn auf 25 Prozent der Gesamteinnahmen herauf. Bis der Glass-Steagall Act tatsächlich abgeschafft wurde, gingen noch fünf weitere Jahre ins Land.

Der politische Kampf um die Zusammenführung von Geschäfts- und Investmentbanken hat damit mehr als zwei Jahrzehnte gedauert – 20 Jahre, in deren Verlauf sich das Geschäft der Investmentbanken bis zur Unkenntlichkeit veränderte. Zum Handel mit Aktien und Anleihen sind ganz neue Geschäftszweige hinzugekommen: vor allem das so genannte *financial engineering*, mithin die Kreation ganz neuartiger Finanzinstrumente, die in der Öffentlichkeit unter dem Sammelbegriff „Derivate" bekannt werden. Ihrem immer wieder beschworenen Zweck entsprechend eingesetzt sind derlei Finanzinstrumente geeignet, Risiken zu begrenzen bzw. ganz auf andere Investoren abzuwälzen. Tatsächlich werden sie aber zunehmend als Spekulationsvehikel eingesetzt. Dadurch sammeln sich in den Anlageportfolios von Investmentbanken, Hedge Fonds und anderen risikobereiten Investoren immer mehr Risiken an.

Zwar unterstehen auch die Investmentbanken staatlicher Aufsicht, vor allem seitens der Security and Exchange Commission (SEC). Doch dieser Behörde ist in erster Linie aufgetragen, über Funktionsfähigkeit und Integrität des Börsenhandels sowie über Mindeststandards zum Schutz von Anlegern und Investoren zu wachen. Die Überwachung von Solvenz und Risikostrategien einzelner Investmentbanken ist nicht Teil ihres Auftrags.

Das Einreißen der Mauern zwischen Geschäfts- und Investmentbanken führt deshalb dazu, dass Geschäftsbanken über ihre weniger regulierten Investmentbank-Tochtergesellschaften ganz neue Möglichkeiten entdecken, risikobehaftete Geschäfte einzugehen, die ihnen nach den Bankregularien ganz verboten oder nur unter hohen Auflagen gestattet sind.

In einem Artikel in der „New York Times" schilderten Nelson D. Schwartz und Julie Creswell dazu eine höchst aufschlussreiche Episode:

Zwei Monate vor seinem Rücktritt vom Posten des Chief Executive der Citigroup unterhielt sich Charles O. Prince III. in Washington mit dem Abgeordneten Barney Frank, dem Vorsitzenden des Ausschusses für Finanzdienstleistungen des Repräsentantenhauses. Unter anderem sprachen sie über Zweckgesellschaften, die der Citigroup und anderen Banken erlaubten, potenzielle Verbindlichkeiten im Volumen von zig Milliarden Dollar außerhalb ihrer Bilanz zu verstecken – und vor der Neugier von Investoren und Analysten. „Warum außerhalb der Bilanz?", fragte Frank. Darauf soll Prince geantwortet haben, als bilanzwirksame Geschäfte hätten sie Citigroup Wettbewerbsnachteile gegenüber Investmentbanken der Wall Street gebracht, die weniger penibel reguliert sind und denen viel größere Risiken erlaubt sind.

In diesem Moment, sagte Frank, sei ihm zum ersten Mal klar geworden, wie viele Freiheiten die Wall-Street-Firmen genießen und wie wenig reguliert sie im Unterschied zu Geschäftsbanken sind: „Nicht nur, dass die Wall Street so viele Freiheiten hat; sie gibt den Geschäftsbanken auch noch Anreize, die für sie geltenden Regularien zu umgehen." Und die

Investmentbanken betreffend fügte der Abgeordnete hinzu: „Wir dachten, die bräuchten keine Reglementierungen.“[42]

Was müssen Banker unter solchen Umständen anstellen, um nicht gerettet zu werden? Sie können sich (fast) alles erlauben. Wenn die Bank nur groß genug ist, wird sie in jedem Fall gerettet.

Mit der Einsicht, dass dies kein Idealzustand ist, blieb Barney Frank nicht lange allein. Denn unter diesen Umständen hatte der alte „Too big to fail“-Grundsatz seinen Charakter verändert. Er lautete nun nicht mehr: staatliches Sicherheitsnetz für Banken gegen die Akzeptanz von Reglementierungen. Jochen Sanio, der oberste deutsche Bankenaufseher, meint, der Fall Bear Stearns habe „eine neue Doktrin ins Leben gerufen: ‚Too connected to fail‘ – zu stark vernetzt, als dass man das Institut untergehen lassen könnte.“[43] Deshalb ist der Fall eingetreten, dass hier mit staatlicher Hilfe ein Institut gerettet werden musste, von dem vermeintlich für den Bereich der schützenswerten Geschäftsbanken gar keine Risiken ausgehen. Auch die neue Regulierungsinitiative von US-Finanzminister Henry Paulsen ist von der Einsicht geprägt, dass der Staat nicht nur Geschäftsbanken, sondern auch Investmentbanken und Hedge Fonds genauer und stringenter regulieren und überwachen muss.

Angesichts des eher unrühmlichen Hergangs der Banken-Deregulierung in den USA und der in diesem Buch aufgezeigten Versäumnisse der Aufsichtsbehörden bei der Regulierung der Kreditvergabe und der Verbriefung von Krediten könnte man auch zu dem Schluss kommen: Der Staat musste mit Bear Stearns eine Investmentbank wegen seiner Versäumnisse bei der gebotenen Regulierung des Bankensektors retten. Eine solche Interpretation des Geschehens greift nur inso-

42 *What Created This Monster?, New York Times, 23. März 2008*

43 *Rede von Jochen Sanio, Präsident der BaFin, auf der Jahrespressekonferenz am 15. Mai 2008 in Bonn*

fern ein wenig zu weit, als sie die Verantwortung der Banken für ihr Geschäftsgebaren ausklammert. Deregulierung kann nämlich nur funktionieren, wenn die mit größeren Freiheiten ausgestatteten Unternehmen willens und bereit sind, die damit verbundene größere Verantwortung zu übernehmen. Dieser Verantwortung haben sich viele amerikanische Banker als unwürdig erwiesen, indem sie um kurzfristiger Profite willen Produkte und Geschäfte initiiert haben, von denen sie von Anfang an wussten oder hätten wissen müssen, dass sie auf Dauer nicht gutgehen würden.

Manager, die bereit sind, hohe Risiken einzugehen, sollten in Banken nicht nach eigenem Gutdünken schalten und walten dürfen. Banker (und andere Unternehmer), die gern hohe Risiken eingehen, sollten auch nach einem Wechsel in die Politik dort nicht ungehindert die Interessen ihres früheren Arbeitgebers durchsetzen können. Gemeinhin bezeichnet man solche Leute als Hasardeure. Eine Aufgabe des Staates ist, Hasardeure durch Gesetze, Regeln und deren Durchsetzung zu anständigen Unternehmern zu bändigen.

Anstelle eines Nachwortes

„Süddeutsche Zeitung" vom 19. März 2008

Der Staat als heilende Hand

Was die Banken mit ihren waghalsigen Geschäften zerstört haben, sollen nun Regierungen richten

Von Ulrich Schäfer

In der „Oeconomischen Encyclopädie" von Johann Georg Krünitz, einem Werk mit 242 Bänden, die zwischen 1773 und 1858 entstanden sind, findet sich auch eine längere Abhandlung über den Kredit. Das Wort „Kredit", heißt es dort, leite sich ab vom lateinischen *credere* (anvertrauen, glauben). Dem Kredit wiederum stehe der Miss-Kredit entgegen, in den jemand fällt, „bey dem Treue und Glauben verschwunden sind: Sein Credit ist todt, hat sich verloren, ist gefallen". Besonders die Banken seien dieser Gefahr ausgesetzt, daher müsse der Staat, „alle Mittel und Maaßregeln anwenden, damit diese Banken durch Verlierung ihres Kredits nicht in Verfall gerathen".

Was Kürnitz vor gut zweihundert Jahren zu Papier brachte, ist in diesen Tagen wieder hochaktuell. Denn die amerikanische Finanzkrise hat sich mittlerweile zu einem globalen Problem entwickelt, zu einer Bedrohung nicht nur für einzelne Banken, sondern für das Finanzsystem insgesamt. Alan Greenspan, einst Chef der US-Notenbank, spricht von der größten Krise seit dem Zweiten Weltkrieg, Bundesfinanzminister Peer Steinbrück warnt vor der gewaltigsten Krise seit Jahrzehnten, und Josef Ackermann, Chef der Deutschen Bank, gibt angesichts der Panik an den Finanzmärkten einen

Satz von sich, der – wie sein Victory-Zeichen im Mannesmann-Prozess – einst Eingang in die Geschichtsbücher finden könnte: „Ich glaube nicht mehr an die Selbstheilungskräfte der Märkte."

Ausgerechnet Ackermann fordert, dass der Staat nun das Vertrauen in die Banken wiederherstellen soll, so wie es Krünitz Ende des 18. Jahrhunderts empfahl. Ausgerechnet er traut den heilenden Kräften der öffentlichen Hand derzeit mehr zu als der unsichtbaren Hand des Marktes. Ackermann stand einst wie kein anderer deutscher Manager für einen entfesselten Kapitalismus, dem es nur um die maximale Rendite ging. Seine Bank profitierte wie alle großen Geldhäuser davon, dass die Mauern auf den Finanzmärkten geschliffen wurden.

Wenn einer wie Ackermann nun nach dem Staat ruft – wenn auch, wie er betont, dies nur für Amerika gelte, wo das Desaster besonders groß ist – zeigt dies zweierlei. Erstens: Die Auswirkungen der Krise sind weitaus gravierender, als es die Banken bislang einräumen wollen, andernfalls würde ein Marktwirtschaftler wie Ackermann nicht darauf dringen, dass die Regierung in Washington notleidenden Hausbesitzern und Banken mit Steuergeld hilft. Zweitens zeichnet sich ein Paradigmenwechsel ab: Der Staat, von vielen in der Wirtschaft früher als Feind gesehen, als Hindernis beim Streben nach Gewinn, erhält eine andere Rolle; er wächst wieder zu einem gewichtigen Mitspieler. Nur ihm trauen die Banken noch zu, jenes Vertrauen wiederherzustellen, das sie selber mit ihren waghalsigen Geschäften zerstört haben.

Die Debatte darüber, welche Rolle der Staat künftig in einer Marktwirtschaft hat, steht erst am Anfang. Doch am Ende dieser Diskussion könnte, wie dereinst nach der Weltwirtschaftskrise in den 30er Jahren des vorigen Jahrhunderts, eine wirkliche Wende stehen – weg vom Laissez-faire-Kapitalismus, hin zu einer sozialeren Marktwirtschaft. Hin also zu einem Staat, der wieder stärker steuert; der sich mit Konjunkturprogrammen gegen den Abschwung stemmt und seinen Bürgern bereitwillig hilft, wenn sie – wie die Hausbesitzer in den USA – unverschuldet in Not geraten.

Stärke müsste dieser Staat auch auf den Finanzmärkten zeigen. Er darf nicht einfach Banken herauskaufen, die Milliarden verzockt haben. Sondern er muss, wenn er dies tut, Bedingungen stellen. Eine Bedingung sollte sein, dass für die Finanzmärkte künftig schärfere Regeln gelten und die staatlichen Aufsichtsbehörden mehr Macht erhalten. Denn schon Krünitz wusste: „Das erste und hauptsächlichste Mittel zur Aufrechterhaltung des besonderen und allgemeinen Credits sind wohl ohne Zweifel gute Gesetze."

Glossar

ABS = Asset Backed Securities	Mit Krediten unterlegte Anleihen
Alt-A-Mortgage	Hypothekendarlehen an Personen mit in der Regel guter Bonität, die ihre Kreditwürdigkeit aber nicht vollständig dokumentieren können
ARM = Adjustable Rate Mortgage	Hypothekendarlehen mit variablem Zinssatz
Broker	Makler
CDO = Collateralized Debt Obligation	Kurzfristige Schuldverschreibung; mit der Emission solcher Wertpapiere wurden bis zum Ausbruch der Finanzkrise häufig Ankäufe von MBS (re-)finanziert
Comptroller of the Currency	Siehe: Office of the ...
Conforming Loans bzw. Conforming Mortgages	Hypothekendarlehen, die den Qualitätsanforderungen genügen, die die großen Hypothekenfinanzierer Fannie Mae bzw. Freddie Mac an die angekauften Kredite stellen
Fannie Mae (FNMA)	Federal National Mortgage Association; 1938 gegründete, heute als börsennotierte Aktiengesellschaft arbeitende, Agentur, die Banken und anderen Hypothekenfinanzierern Hypotheken abkauft, zu Paketen bündelt, und in Form von MBS (Mortgage Backed Securities) an Investoren weiterveräußert
Federal Deposit Insurance Corporation (FDIC)	US-amerikanische Einlagenversicherung und Aufsichtsbehörde für Banken mit einzelstaatlicher Lizenz, die nicht dem Federal Reserve System angehören
Federal Open Market Committee	Zentralbankrat der US-Notenbank
Federal Reserve Bank of...	Zweigniederlassungen der US-Notenbank
Federal Reserve System (Fed)	US-amerikanische Zentralbank bzw. Notenbank
Freddie Mac (FHLMC)	Federal Home Loan Mortgage Corporation; 1968 als privates, inzwischen börsennotiertes Unternehmen gegründet, das als Wettbewerber zu Fannie Mae fungieren sollte. Wie Fannie Mae kauft Freddie Mac Banken und anderen Hypothekenfinanzierern Hypotheken ab, bündelt diese zu Paketen und veräußert diese in Form von MBS (Mortgage Backed Securities) an Investoren
Ginnie Mae (GNMA)	Government National Mortgage Association; staatliche Agentur mit ähnlichen Aufgaben wie Fannie Mae oder Freddie Mac (siehe dort)
Glass-Steagall Act	US-Gesetz aus dem Jahr 1933, das die Trennung von Geschäftsbanken und Sparkassen, die Kundeneinlagen entgegennehmen, und Wertpapierbanken (Investmentbanken) vorsieht

Gramm-Leach-Bliley Act	US-Gesetz aus dem Jahr 1999, das die Trennung zwischen Geschäftsbanken und Wertpapierbanken weitgehend aufhebt (siehe auch: Glass Steagall Act)
LIBOR	London Interbank Offered Rate; Zinssatz für kurzfristige Geldausleihungen unter Banken
MBS = Mortgage Backed Securities	Mit Hypotheken unterlegte Anleihen
McFadden Act	US-Gesetz aus dem Jahr 1934, das Geschäftsbanken und Sparkassen auf Geschäfte innerhalb des jeweiligen Bundesstaates beschränkt
Mortgage	Hypothekenkredit
Non-Bank Banks	US-amerikanische Finanzdienstleister, die nur eine der üblichen Bankfunktionen (Entgegennahme von Einlagen und Kreditvergabe) wahrnehmen. Diese Finanzdienstleister sind von vielen der üblichen Reglementierungen, die für Banken gelten, ausgenommen.
Office of the Comptroller of the Currency (OCC)	Abteilung des US-Finanzministeriums, der die Aufsicht der rund 1.700 Banken mit nationaler Lizenz obliegt
Payday Loan	Kurzfristiger Verbraucherkredit zur Überbrückung eines finanziellen Engpasses bis zur nächsten Lohn- oder Gehaltszahlung
Predatory Lending	Wörtlich übersetzt: Räuberische Kreditvergabe; man könnte auch sagen: Vergabe von Wucherkrediten
Riegle-Neal Act	US-Gesetz aus dem Jahr 1994, das Geschäftsbanken und Sparkassen die Ausdehnung ihrer Geschäfte über bundesstaatliche Grenzen hinaus erlaubt (siehe auch: McFadden Act)
RMBS = Residential Mortgage Backed Securities	Anleihen, die mit Hypotheken für Wohnimmobilien (Einfamilienhäuser, Eigentumswohnungen) unterlegt sind
Securities and Exchange Commission (SEC)	US-amerikanische Börsenaufsichtsbehörde
Subprime	Nicht-erstklassige Bonität
Subprime Mortgage	Hypothekendarlehen an Personen mit zweifelhafter bzw. schlechter Kreditwürdigkeit
Treasury Bonds	US-Staatsanleihen
Triple-A (AAA)	Höchste, von Rating-Agenturen vergebene Bonitätsstufe; die Bezeichnung „Triple-A“ wird stellvertretend für anderslautende Bezeichnungen einiger Rating-Agenturen für „erstklassige Bonität“ verwendet